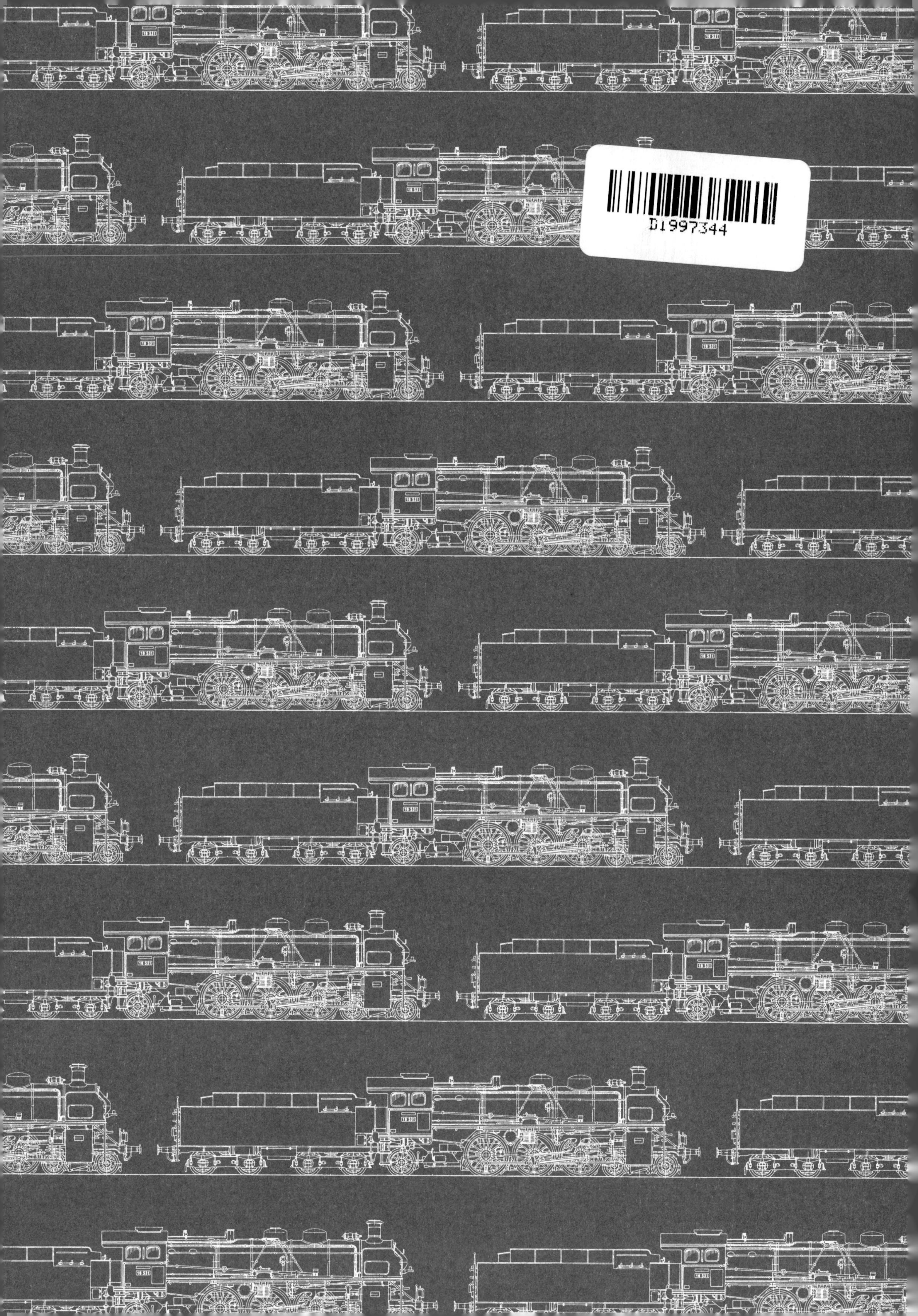

Die schönsten MODELLBAHN ANLAGEN aus „MIBA-Miniaturbahnen“

Herausgegeben von der MIBA-Redaktion

Bechtermünz

Genehmigte Lizenzausgabe
für Verlagsgruppe Weltbild GmbH,
Steinerne Furt, 86167 Augsburg

Umschlaggestaltung: Andreas Rödig,
Büro Lehmacher, Friedberg (Bayern)
Umschlagmotiv: Martin Knaden/MIBA-Verlag, Nürnberg
Gesamtherstellung: Offizin Andersen Nexö Leipzig GmbH –
ein Unternehmen der Union Verwaltungsgesellschaft,
Spenglerallee 26–30, 04442 Zwenkau

Printed in Germany

ISBN 3-8289-5390-5

2005 2004 2003 2002
Die letzte Jahreszahl gibt die aktuelle Lizenzausgabe an.

Einkaufen im Internet: www.weltbild.de

Inhalt

Bei jeder Anlagenvorstellung finden Sie einen kleinen Kasten mit drei Symbolen:

steht für die Nenngröße

gibt den Maßstab an

nennt die Spurweite

Ein Wort zuvor

Eine schöne Modellbahnanlage zu planen, zu bauen und natürlich mit ihr zu „spielen" – das ist das Ziel der meisten Modellbahnfans. Die Mittel und die Wege, die zum Ziel führen, sind dabei ebenso unterschiedlich wie das, was sich auf der Anlage am Ende abspielt. Ob Alpenbahn oder schmalspurige Inselbahn, ob beschauliche Nebenbahn in den Fünfzigerjahren oder moderne ICE-Strecke, ob großes Dampflok-Betriebswerk aus der Eisenbahn-Blütezeit oder Fabrikgelände mit Gleisanschluss: Modellbahnhersteller und Zubehörlieferanten bedienen heutzutage fast alle erdenklichen Anlagenmotive und Betriebssituationen. Die Qual der Wahl haben Sie als Modellbahner und Modellbahnerin, der/die vor dem Bau einer Anlage steht.

Sie haben den Plan für Ihre persönliche Traumanlage längst im Kopf? Maßstab und Spurweite, Gleich- oder Wechselstrom, Thema und Epoche – alles schon entschieden? Und sogar den Platz für den Aufbau einer stationären Anlage haben Sie? Herzlichen Glückwunsch, dann können Sie ja sofort loslegen und Ihre Traumanlage realisieren. Gemach, gemach: Beim Bau der Anlage, bei der Umsetzung Ihrer Vorstellungen liegt der Teufel im Detail. Gelände und Landschaft sollen naturgetreu aussehen, die Bahngleise auf einer vorbildlich gestalteten Trasse verlaufen, der Bahnhof mit seinen Gleisen und Weichen einen sinnvollen Betrieb ermöglichen, Gebäude und andere Ausstattungsdetails wollen zu sinnvoll arrangierten Motiven und „Szenen" komponiert werden.

In der Regel genügt es nicht, eine „Idee" zu haben von einer Anlage oder gar nur einen Traum. Meist reicht es noch nicht einmal aus, einen guten Plan zu haben von dem, was entstehen soll. Wer eine Anlage baut, ist quasi Architekt und Bauleiter, Handwerker und Bühnenbildner, Fahrdienstleiter und Lokführer in Personalunion. Wer beim Anlagenbau zum Ziel kommen will, muss sich auf alle diese Rollen vorbereiten – nichts ist schlimmer, wenn der Anlagenbau wegen zwischenzeitlicher Rat- oder Lustlosigkeit nur eine halb fertige Bauruine als volumigen Staubfänger hervorbringt.

Dieses Buch wird Sie anregen und animieren – so hoffen wir jedenfalls. Hier finden Sie insgesamt 25 Modellbahn-Anlagen, die in den letzten Jahren in der Zeitschrift „MIBA-Miniaturbahnen" vorgestellt wurden. Wir sind sicher, dass für jeden Geschmack etwas dabei ist, angefangen von der kleinsten betriebsfähigen Modellbahn der Welt im Maßstab 1:220 bis hin zur großzügig angelegten Gartenbahn. Obendrein gibt's natürlich jede Menge Tipps und Hinweise für Anlagenbau und -betrieb. Egal, ob Sie als Modellbahn-Einsteiger erstmals vor dem Bau einer Anlage stehen oder ob Sie als eingefleischter Fan der kleinen Eisenbahn den Neubau Ihrer Anlage planen: Profitieren Sie vom gesammelten Erfahrungsschatz auf den folgenden Seiten. Oder betrachten und genießen Sie einfach nur schöne Bilder von schönen Anlagen – ganz wie Sie wollen! Wir wünschen jedenfalls viel Spaß beim Blättern, Lesen und Schauen.

Ihre MIBA-Redaktion

N

1:160

9 mm

Fahren Sie doch mal nach Schatzhausen!

Fotos: Lothar Bänfer

Wir fahren in eine imaginäre Landschaft, oben ein Blick auf die idyllisch gelegene Ortschaft „Oberdorf".

Haben Sie schon einmal etwas von „Schatzhausen" gehört? Müssen Sie auch nicht, denn es handelt sich eigentlich nur um eine unbedeutende „Regionalstadt". Andererseits liegt „Schatzhausen" in einer sehr schönen, alpenländischen Gegend. Nicht zuletzt durch ihre zentrale Lage weist diese Stadt auch gute Zugverbindungen ins bergige Umland auf.

Ideal für einen schönen Ausflug ist der kleine, hoch gelegene Ort „Oberdorf"; schon die Fahrt dorthin bietet einige sehr interessante Ausblicke, zur Rechten in die hohe Bergwelt, zur Linken zum wilden Eisbach, der in seinem Unterlauf den Wassersportlern vielfältige Möglichkeiten bietet.

In „Oberdorf" angekommen kann man als Erstes die Wallfahrtskapelle besuchen, die wegen ihrer romantischen Lage beliebt für Hochzeiten ist. Aber auch ein Spaziergang unter dem bei Eisenbahnfreunden recht bekann-

Das Betriebswerk mit Drehscheibe, Lokschuppen und Behandlungsanlagen, das Gebäude der Lokleitung ist selbst gebaut.

Das ist „Schatzhausen“, das der ganzen Anlage den Namen gegeben hat – mit repräsentativem Empfangsgebäude.

Die rechte Anlagenecke beherbergt u.a. den Bahnhof „Schatzhausen“, die Gütergleise und das Bahnbetriebswerk.

Alpenländisches Flair in „Unterdorf“, im Hintergrund die Nebenbahn.

ten Viadukt ist sicher die Anfahrt mit der Bahn wert. Wandert man dort noch etwa eine halbe Stunde weiter, trifft der Weg zwangsläufig auf die alte Burg „Rabenstein“.

Ein weiterer Vorschlag für Wochenendausflügler ist der etwas näher gelegene Ort „Unterdorf“. Er liegt an der zweigleisigen Strecke, die zum achtgleisigen Schattenbahnhof führt. Vom Unterdorfer Bahnhof ausgehend führt uns der Weg durch den kleinen Ort. Wir gehen vorbei an der historischen Kirche, dann steil bergauf, wo wir nach zirka einer Stunde Gehzeit die Alm „Hirschbrunft“ erreichen.

Aber auch „Schatzhausen“ selbst hat einen sehr schönen historischen Stadtkern. Nach einem Rundgang durch die Altstadt ist natürlich unbedingt auch eine Besichtigung des weithin bekannten Schlosses „Klingenstein“ zu empfehlen!

Nach dieser „Anlagenbereisung“ nun ein paar Bemerkungen zur Entstehung der N-Anlage von Peter Schatz, die sich mittlerweile zur Rundum-Anlage gemausert hat: Nachdem der Sohn dem Spielalter entwachsen und die auf einer Platte montierte Trix-Express-Bahn verkauft war, trat eine längere Pause im Eisenbahnbau ein. Als dann ein eigenes Haus mit einem mehr oder weniger genutzten Mansardenzimmer bezogen war, das sich für die Aufstellung einer Anlage bestens eignete, kam die Erinnerung an viel Spaß und große Freude beim Bau der Trix-Express-Anlage von damals.

Der Entschluß reifte, wieder eine Modellbahnanlage zu schaffen. Die Entscheidung fiel auf die Nenn-

Die Straßenbrücke über den Eisbach entstand im Selbstbau.

Etwas abseits liegen die Lagerhäuser, die ebenfalls, wie auch die übrigen Gebäudemodelle, selbst gebaut sind.

Oben die Bahnhofseinfahrt nach „Schatzhausen" mit dem markanten Stellwerk, die untere Strecke führt weiter nach „Unterdorf" (links).

Burg „Rabenstein" ist unter Kennern ein beliebtes Ausflugsziel. Links daneben ein Ausschnitt des großen Viadukts.

Elegant wirkt die selbst gebaute Bogenbrücke, darunter ein Holzlager.

Die imposante Steinbogenbrücke fügt sich recht harmonisch in die gut gestaltete Landschaft ein (unten links).

größe N, denn in diesem Maßstab lässt es sich doch viel großzügiger gestalten als in H0.

Es entstand eine Rechteckanlage in Rahmenbauweise mit den Abmessungen 390 x 95 cm. Leider seien ihm 1979, so Peter Schatz heute, Zeitschriften wie MIBA noch unbekannt gewesen, sodass er Anfängerfehler machte. Natürlich mussten gleich ein schöner Bahnhof und einige andere nette Bausatzhäuser her, doch bald stellte sich heraus, dass das ganz schön ins Geld ging und auch nicht immer den Vorstellungen entsprach. Daher wurde dazu übergegangen, Häuser, Kirchen, Brücken und sonstige Bauwerke selbst zu bauen. Durch inzwischen häufige MIBA-Lektüre sachkundig geworden wurden immer schwerere Aufgaben in Angriff genommen und überzeugend gelöst.

Alsbald entstanden alle Gebäude ausschließlich im Selbstbau. Um entsprechende Vegetation und gar kleine

Auch ein Ausflugsziel: die Wallfahrtskapelle „Maria Kappel"

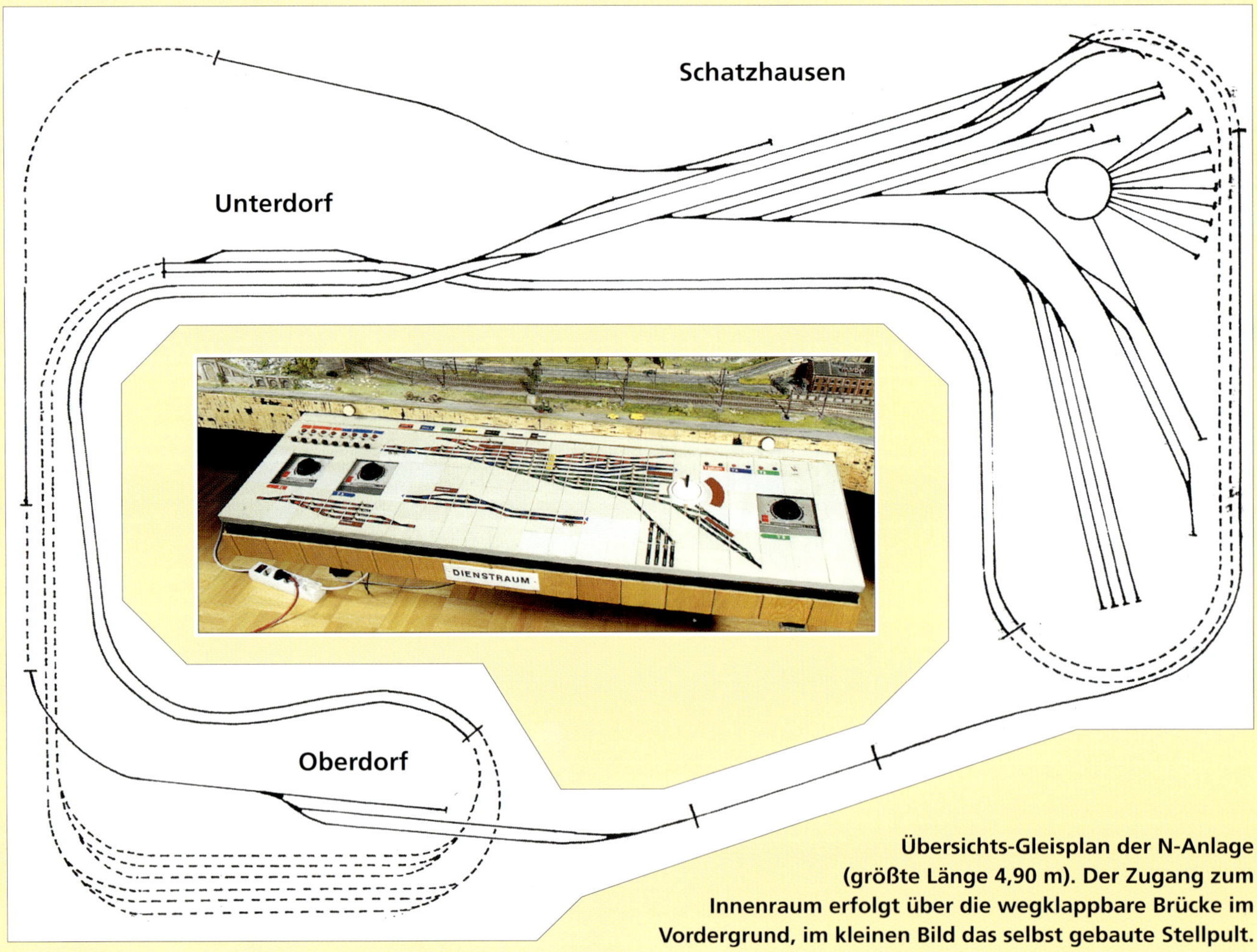

Übersichts-Gleisplan der N-Anlage (größte Länge 4,90 m). Der Zugang zum Innenraum erfolgt über die wegklappbare Brücke im Vordergrund, im kleinen Bild das selbst gebaute Stellpult.

Linke Seite: Die Fabrik ist auf dem rechten Anlagenteil in der Nähe des Bahnbetriebswerks zu finden. Sie wurde mit genügend Platz drum herum realistisch dargestellt und keineswegs verniedlicht.

Das Stellwerk an der Brücke, hier noch einmal größer wiedergegeben, entstand nach einer Pit-Peg-Zeichnung in MIBA-Report 12 (Pit-Peg's Bauprojekte, Band 1).

Wälder zu gestalten, musste natürlich erst recht die Selbstbauweise „zum Zuge kommen". Nachdem die ersten Bäume und Büsche aus Islandmoos entstanden, wurde auch hier die Technik im Laufe der Zeit verfeinert.

Natürlich entstand im Laufe der Zeit bei Peter Schatz der Wunsch nach Vergrößerung der Modellbahnanlage und so wuchs die rechteckige Platte zu einer L-förmigen. Daraus entwickelte sich dann eine U-förmige, die schließlich zu eine Rundum-Anlage wurde. Den Hintergrund hat der Hobbymaler selbstverständlich selbst gemalt; er erzeugt eine bestechende Tiefenwirkung.

Da der Erbauer Dampfloks selbst erlebt hat, kommen sie auf seiner Anlage hauptsächlich zum Einsatz. Für seine schönen Triebwagen- und Ellokmodelle stattete er die Hauptstrecke mit einer Oberleitung aus.

Die Erfahrung des Erbauers hat gezeigt, dass genau im Voraus geplante Anlagen toll sein können! Doch wer weiß schon, wo das letztlich hinführt, wenn er – vom Modellbahn-Bazillus infiziert – seine erste Anlage gestaltet. So sollten all jene akzeptiert werden, die nicht gleich von Anfang an wissen, was auf sie zukommt – auch finanziell. Denn spätere Erweiterungen machen noch mehr Freude …

Anlagen-Steckbrief

Nenngröße:	**N**
Baumaßstab:	**1:160**
Anlagengröße:	**4,9 x 3,7 m**
Thema:	**Hauptstrecke mit abzweigender Nebenbahn**
Rollmaterial:	**Arnold, Fleischmann, Roco, Minitrix**
Gleismaterial:	**Fleischmann**
Epoche:	**III**

H0e

1:87

9 mm

Von Puddemin nach Fährhof

199 001 schiebt gerade einen Kohlenschüttwagen auf die Verladebrücke, während auf dem Bild auf Seite 15 Lok 99 4631 mit einem Personenzug, dessen Fahrt wir weiterverfolgen wollen, gerade in den Bahnhof Puddemin einläuft.

Rügen gehört zu den schönsten deutschen Landschaften. Kein Wunder, dass die Interessengemeinschaft Mecklenburgische Eisenbahn sich dieses Thema für ihre Modul-Anlage ausgesucht hat. Zwar hat es nie eine direkte Schmalspurverbindung von Puddemin nach Fährhof gegeben, das ändert aber nichts an der vorbildlichen Gestaltung dieser Module.

Das Vorbild

Die Rügenschen Kleinbahnen (RüKB) wurden zwischen 1895 und 1899 von dem Eisenbahnbau- und Betriebsunternehmen Lenz & Co. in der Spurweite 750 mm errichtet. Das 97,9 km lange Streckennetz erschloss den Süden der Ostseeinsel Rügen. Der Norden wurde von der Stadt Bergen aus erschlossen und weist eine Besonderheit auf: Bei Streckenkilometer 22,7 galt es, den von der Ostsee ins Innere der Insel führenden etwa 480 m breiten Breetzer Bodden zu überqueren. Hier existierte seit Mitte des 19. Jahrhunderts eine Kettenfähre, die im Zuge des Bahnbaus durch eine feste Brücke ersetzt werden sollte. Dagegen protestierte heftig der Verein der Berufsfischer und schließlich kam es zu der noch heute existierenden Fährverbindung.

Der nördliche Bahnhof der Trajektstrecke war Fährhof. Dieser Bahnhof hatte nur ein Umsetzgleis, wurde aber ab 1920/21 erweitert. Von Fährhof ging es dann über Woldenitz, Bohlendorf, Wiek und Buhrkow-Abzweigung zum Endbahnhof Altenkirchen. Im Bahnhof Woldenitz bestand bis kurz nach 1945 Anschluss an ein Feldbahnnetz mit 600 mm Spurweite.

Oberbau und Fahrzeuge der RüKB entsprachen den Normen der Firma Fa. LENZ & Co für 750-mm-Schmalspurstrecken. So wurden auf der Nordstrecke in der Zeit bis ca. 1960 Lokomotiven der Lenz-Gattungen „n" und „m" sowie von 1937 bis 1942 der Triebwagen „T1" der Waggonfabrik Dessau eingesetzt.

In den 60er-Jahren übernahmen die 99 4511 sowie die Heeresfeldbahnloks 99 4651-53 den Betrieb. 1965 wurde die letzte „m" 99 4603 ausgemustert, die Heeresfeldbahnloks überlebten bis zum Schluss. An Wagen wurden alle typischen Gattungen eingesetzt. Nach der Übernahme durch die DR kamen Wagen anderer Bahnen dazu.

Die RüKB in H0e

Die Module der Interessengemeinschaft Mecklenburgische Eisenbahnen (IG ME) sind nach Normen des

Die landschaftlichen Reize Rügens findet man auf den Modulen der Interessengemeinschaft Mecklenburgische Eisenbahnen wieder. Oben passiert unser Personenzug im Abzweig Buhrkow einen Feldwegübergang.

In Wiek setzt 99 4631 um. Die Lokomotive entstand aus dem Bausatz „Frank S." von Weinert Modellbau.

Fremo gebaut, die Modulhöhe über Fußboden liegt jedoch geringer und ist damit ausstellungs- und kinderfreundlicher. Rahmen und Grundplatten bestehen aus verleimtem Sperrholz. Im Bereich der Gleise wurden Spanten zur Versteifung in die Modulkästen geklebt.

Grobe Geländeausschnitte, wie Teiche und Böschungen, wurden aus der Grundplatte gesägt und mit Sperrholz wieder unterfüttert. Die Gleise sind direkt auf der Grundplatte verlegt. Beim 1993 entstandenen Bf. Fährhof kamen Gleise von Peco und Roco zum Einsatz, bei allen danach gebauten Modulen ging die IG ME zum Selbstbau über. Die Schwellen bestehen aus gesägtem Leiterplattenmaterial. Sie sind mit Uhu-Plus auf die Grundplatte geklebt und bekamen 1,4 mm hohe Schienenprofile (Märklin-Z-Gleis) aufgelötet. Die Weichen entstanden nach einer Originalzeichnung der RüKB. Danach wurden die Gleise farblich behandelt und mit original rügenschem Sand eingeschottert (Kiesbettung). Die Betätigung der Weichen erfolgt durch eine Stange aus Messingrohr mit zwei Bohrungen: In die erste wurde ein Stahldraht für das Umstellen der Weiche eingelötet, während mit der zweiten Bohrung der Knebel eines Mikroschalters betätigt wird. Der Schalter ist für die Endstellung und die richtige Polarität des Herzstückes sowie die Stromversorgung der Gleise entsprechend der Weichenlage zuständig.

Beim Straßenbau wurde Kopfsteinpflaster mit einem spitzen Nagel in den schon festen, aber noch feuchten Gips geritzt, mit einer Zahnbürste geputzt und zum Schluss mit Plakafarbe eingefärbt. Die Geländebegrünung erfolgte mit Materialien von Woodland, Silhouette, Busch, MZZ und Heki. Alle Gebäude und der Fähranleger (inkl. Fähre) in Fährhof entstanden im Eigenbau nach Zeichnungen und Bildern. Die Rohbauten bestehen aus Sperrholz. Dieses wurde mit Platten aus dem Architektenbedarf verkleidet, mit Dachziegelplatten gedeckt und mit Regenrinnen versehen.

Betriebsmittel

Die 99 4651 bis 4653 lassen sich ohne großen Aufwand aus Weinerts „Frank S." bauen. Die 99 4631 und 33 sowie die „Reko" IV K 99 587 bietet

Lokomotive 99 4653 steht mit einem GmP bereit zur Abfahrt nach Fährhof.

Die Strecke nach Fährhof, die vom GmP gerade befahren wird, führt in Wieck zwischen dem Hafen und der Halle der Bäuerlichen Handelsgesellschaft hindurch.

ModelLoco an, bei der Ursprungs- bzw. Halbreko-IV-K greift man auf das Modell von Technomodell zurück und den T 1 bietet Panier an. Bei den Wagen gibt es die zweiachsigen Personen- und Güterwagen in den Ausführungen RüKB und DR bei der Firma Fröwis. Die vierachsigen Wagen stammen von Technomodell und Gierhahn bzw. aus Umbauten dieser Modelle.

Sonderfall Puddemin

Der Bahnhof Puddemin befand sich im Gegensatz zu den anderen hier gezeigten Modellen der RüKB-Bahnhöfe an der ehemaligen Südstrecke. Er war einst der bedeutendste Hafenbahnhof der Rügenschen Kleinbahn. Nach der Eröffnung der Strecke Puttbus–Altefähr (1896) bestand diese Station zunächst nur aus dem Hauptgleis und einem beidseitig angebundenen Ladegleis. Dies änderte sich aber nach Entdeckung größerer Kreidevorkommen in nur 10 km Entfernung recht schnell. Zum Verladen der Rohkreide wurde eine Kreidebrücke, die etwa 60 m in das Puddeminer Wiek ragte, errichtet. Es handelt sich hierbei um eine Holzkonstruktion mit einseitig angebrachten Schütten.

Bis zum Jahr 1937 musste ein Großteil der landwirtschaftlichen Produkte per Schiff abtransportiert werden. Puddemin diente auch dem Umschlag von Kohle, die für den Inselbedarf angeliefert wurde. Beim

Oben: Nach der Bremsprobe setzt die Fuhre ihre Fahrt fort. Hoffentlich ist die einzeln stehende Feldbahnlore des kreuzenden Gleises gegen Wegrollen gesichert.

links: In Fährhof setzt 99 4653 auf dem Umfahrgleis an das andere Zugende. Jetzt beginnt das Rangiermanöver mit den Wagen von der Fähre.

Modellbahnhof handelt es sich um ein maßstäbliches, weitgehend nach Originalunterlagen gebautes Modell der RüKB-Station im Zustand um 1925. Der Gleisplan konnte auf einer Länge von drei Metern im Maßstab 1:87 umgesetzt werden. Die Lenz'sche Wellblechbude besitzt einen aus Messingprofilen gelöteten Rahmen, welcher mit Kunststoffplatten aus dem Architekturmodellbau ausgefüllt wurde. Der Aufenthaltsraum, dessen Tür sich fernbedient öffnen lässt, wurde aus Sperrholz gefertigt und mit Furnierholzstreifen beklebt. Kreidebrücke und Bollwerk bestehen jeweils aus hunderten von selbst gefertigten Holzteilen. Der Wasserkran ist aus Messingteilen zusammengelötet.

Wiek

Das Vorbild des Bahnhofs Wiek lag am nördlichen Abschnitt der Strecke Bergen–Altenkirchen der RüKB. Er besitzt ein Lade- und ein Kreuzungsgleis sowie ein Ladegleis am Kai des kleinen Hafens. Die Umsetzung ins Modell erfolgte mit drei Modulen auf der Basis eines maßstäblichen Plans mit Gleismaterial von Roco und Bemo. Die Gleise liegen in einer Kiesbettung. Alle Hochbauten wurden aus Birkensperrholz mit einer Verkleidung aus Modellbauplatten erstellt. Der Grund des Hafenbeckens wurde mit Ostseesand bestreut, mit Wassermalfarben gefärbt und anschließend mit Gießharz ausgegossen.

Mit dem gesamten Zug wird an die Wagen auf der Fähre rangiert. Ein Rangierer gibt mit ausladenden Armbewegungen Zeichen. Weder Petri-Jünger noch Wassertiere lassen sich von dem Schauspiel beeindrucken.

Nachdem die Fähre mit drei Wagen beladen ist, werden die Schlagbäume geschlossen und die Personenwagen wieder abgezogen.

Anlagen-Steckbrief

Nenngröße:	**H0e**
Baumaßstab:	**1:87**
Anlagengröße:	**Module nach Fremo-Norm**
Thema:	**Rügensche Kleinbahnen**
Rollmaterial:	**Weinert, Model-Loco, Technomodell**
Gleismaterial:	**Roco, Bemo**
Epoche:	**III**

2m

1:22,5

45 mm

Radebeuler Gartenbahn-Idylle

Anfang der 70er-Jahre stellte der bekannte „Modellbahn-Professor“ Harald Kurz fest: „Bei Ausstellungen ist eine Gartenbahn bestens geeignet um Größenverhältnisse zu demonstrieren.“ Von den Erzählungen des Forschers über Gartenbahnen bei den westeuropäischen Nachbarn inspiriert, entstand bei Wolfgang Paul der Wunsch auch „große Modellbahnen“ zu bauen. Der Maßstab 1:22,5 und die Betriebstauglichkeit im Freien, das hatte etwas Faszinierendes. Doch an konfektionierte Produkte war seinerzeit in der DDR kaum zu denken.

Anfangs nur Selbstbau

Dennoch machte sich der in Radebeul wohnende Elektriker an die Arbeit. Er lieh sich einen Flachwagen, ein Erzeugnis der damals noch jungen Produktlinie LGB, aus und baute ihn mit PVC-Platten und -Streifen nach. Teile wie Mittelpuffer, Achsblenden, Räder und Profilleisten stammten aus den so genannten DMV-Kleinserien, die inzwischen in Marienberg unter der Regie von Werner Ilgner hergestellt wurden. Dem Wagen folgten zunächst ein G-Wagen und ein Kesselwagen. Im Laufe mehrerer Jahre entstanden etliche Fahrzeuge. Auch die sächsische IV K war dabei.

Doch was nutzten die Schienen-

Fotos: Wolfgang Paul, Rainer Ippen (4), Richter/Slg. Wolfgang Paul (1)

Durch die „blühenden Landschaften“ in Wolfgang Pauls Garten fahren – weil's Spaß macht – auch RhB-Zuggarnituren.

fahrzeuge ohne Schienen? Also sah sich Wolfgang Paul nach einer geeigneten Möglichkeit um. Sie bestand darin, zu Hohlprofilen gekantete 0,5-mm-Messingbleche von Gernot Rehnert und fünfschwellige Schwellenroste aus der DMV-Kleinserienfertigung in Marienberg zu Gleiskörpern zu verbinden. Um zu Weichen zu kommen war Wolfgang Paul gänzlich auf Selbstbau angewiesen. Hierzu dienten zunächst Holzschwellen und besagte Messingbleche. Später wurden auch die Marienberger Schwellenbänder für den Weichenbau modifiziert. Angetrieben wurden die Weichen mit einem Druckluftsteller. Da der Garten keinen Stromanschluss hatte, musste Wolfgang Paul einen besonderen Weg zur Druckluftgewinnung gehen: Ein Miniautokompressor wurde beschafft und an eine leistungsfähige Gabelstaplerbatterie angeschlossen. Die Kapazität reichte für einen Tag aus.

Die Schienen aus Messinghohlprofil korrodierten schnell. Um dem beizukommen wurden die Messingschienen gegen Schienen aus 0,2-mm-Chromvanadium-Stahlblech ausgetauscht. Das Material stammte aus Abfällen, die bei der Herstellung von Uhrenarmbändern anfielen. Dieses Material war zwar weniger korrosionsanfällig, aber dafür schlagempfindlich. Inzwischen wurde es gegen Revalda- und LGB-Gleismaterial ausgewechselt, was sich seitdem bestens bewährt.

Anlage 1

Zunächst entstand im 60 Meter vom Wohnhaus entfernt liegenden Garten ein Gleisoval. Innerhalb von zwei Jahren wuchs der Gleisplan auf zwei ineinander verschlungene Ovale (etwa 80 Meter Gleis) mit zehn Weichen an. Die ganze Familie hatte ihren Spaß dabei. So baute der Schwiegersohn die Häuser in Holzbauweise. Für das Empfangsgebäude diente der Bahnhof Güntersberge im Harz als Vorbild. Das Obergeschoss ist mit einer Holzverschalung versehen, die inzwischen beim Vorbild nicht mehr existiert. Im Zentrum der Anlage stand eine Bogenbrücke. Sie wurde aus Beton mit Stahlarmierungen gegossen. Auch die Trasse wurde robust angelegt: Teile entstanden ebenfalls aus ortsfestem Beton. Das war zwar

Aus Holz entstand das Empfangsgebäude des Bahnhofes Moritzburg. Er wurde im Zustand von 1911 vom Schwiegersohn Wolfgang Pauls nachgebaut.

Vom Pult 2 aus lässt sich der hintere Teil der Gartenbahn steuern. Das Pult kann bei Bedarf abgeschaltet und die Steuerung vom Hauptpult aus vorgenommen werden.

Streckenfahrten und Rangieraufgaben lassen sich von Pult 1 aus gut steuern und überblicken. Während die Druckluftschalter für die Weichensteuerung ins Pult integriert sind, befindet sich der Kompressor mit Druckspeicherkessel abseits in einem Schuppen.

12. März – erster Fahrtag 1999: Die IV K mit sächsischen Reisezugwagen aus der eigenen Werkstatt fährt talwärts.

Hier kreuzt die Eisenbahnstrecke die inzwischen zweigleisig erweiterte Straßenbahnstrecke. Besonders delikat war die elektrische Ausstattung dieses Bereiches.

Wirkungsvoll präsentiert sich die Tunneleinfah tereinander mit Mörtel verbunden sind.

stabil, erwies sich aber später als hinderlich. Bedingt durch einen Wohnungswechsel musste der Garten aufgegeben werden. Folglich waren die Gartenbahn abzubauen und die Betonteile zu entsorgen.

Anlage 2

Im neuen Quartier bestand die Möglichkeit, die Gartenbahn wieder neu entstehen zu lassen. Daher wurde gezielt geplant und gebaut. Inzwischen in Rente gegangen benötigte Wolfgang Paul wieder mit Unterstützung durch die ganze Familie nur eineinhalb Jahre. 110 Meter Strecke mit 21 Weichen (22°), die pneumatisch angetrieben werden, eine Stromversorgung mit den Parametern 22 Volt und 8 Ampere sowie die Abmessungen von 7 x 14 Meter kennzeichnen die stattliche Bahn. Der Obst- und Gemüsegarten wurde mit Mutterboden aufgefüllt und verdichtet. Sodann legte man für die Trasse Betonsegmente ins Erdreich, die nun ohne weiteres entfernbar sind. Zur Begrünung wurden nicht nur zur schönen Jahreszeit blühene Gewächse gepflanzt, sondern auch immergrüne, sodass die Anlage das ganze Jahr über attraktiv bleibt.

Das Ergebnis gefiel so gut, dass es der besondere Wunsch der „besseren Hälfte“ war, noch eine Straßenbahn

Was beim Vorbild kaum realistisch sein dürfte, ist auf der Gartenbahn von Wolfgang Paul kein Problem: ÖBB- und „Sachsen“-Zug begegnen sich am Viadukt.

Lokparade im Bahnhof Waldenau, so wie er auf der ersten Gartenbahnanlage von Wolfgang Paul aufgebaut war. Vorbild für das Gebäudemodell war übrigens das Empfangsgebäude des Bahnhofs Güntersberge.

e 1). Sie besteht aus Pläner-Steinen, die un-

Neben RhB-Fahrzeugen fuhren auf Anlage 1 auch Zuggarnituren nach Harzer und sächsischen Vorbildern. Die Fahrzeuge sind überwiegend selbst gebaut.

einzubauen. Hochbauten wie Empfangsgebäude und Brücke fanden auch auf dieser Anlage ihren Platz. Zudem war genug Platz für weitere Bauwerke. So entstanden das Empfangsgebäude des Bf Moritzburg im Zustand von 1911, ein Lokschuppen und eine Burg.

Der stattliche Fahrzeugpark besteht aus Selbstbau- und in der letzten Zeit hinzugekommenen Industriemodellen. Die Züge bildet Wolfgang Paul aus Modellen, wie sie bei der Rhätischen Bahn, im Harz und in Sachsen anzutreffen sind. Selbst gebaut werden nur noch solche Fahrzeuge, die nicht handelsüblich sind. Zwar gibt es keinen LCE, doch die Enkel haben ihren Spaß bei Wettfahrten mit dem LGB-Propellerwagen.

Gastfreundlicher Garten

Öffentlicher Besucherverkehr findet in Wolfgang Pauls Garten nicht statt. Wenn aber die LGB-Fahne über Radebeul weht, findet ein „Fahrtag" statt. Dann treffen sich Gartenbahnfreunde aus Radebeul, vom MEC Radebeul Kötschenbroda oder der ARGE Schmalspur.

Oben: Das Spalier bildet den optischen Abschluss zum Garten. Die Bahn hat die stattlichen Abmessungen von 14 x 7 m.

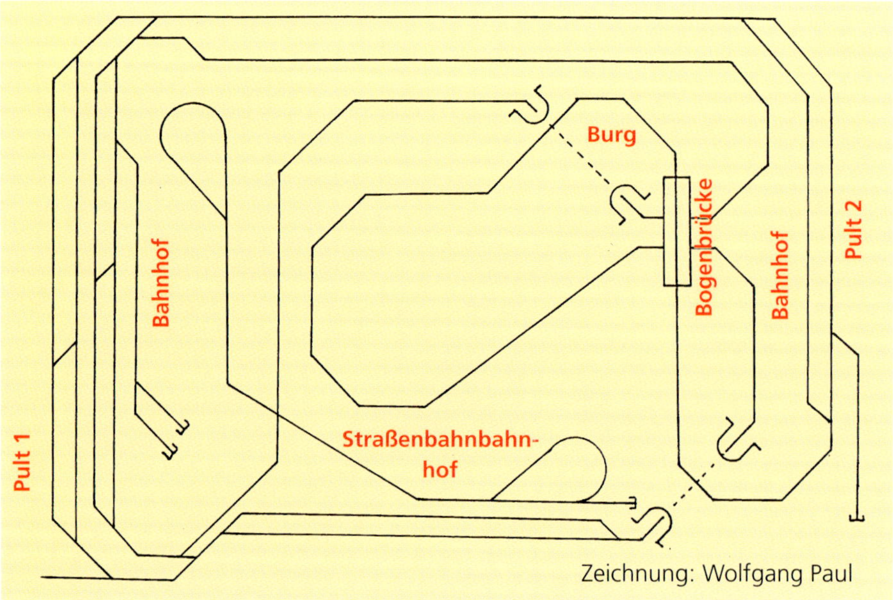

Der Prinzip-Gleisplan verdeutlich die Gleisführung und lässt die umfangreichen Rangiermöglichkeiten erkennen.

Anlagen-Steckbrief

Nenngröße:	**2m**
Baumaßstab:	**1:22,5**
Anlagengröße:	**14,0 x 7,0 m**
Thema:	**Schmalspurbahn, Straßenbahn**
Rollmaterial:	**Selbstbau und LGB**
Gleismaterial:	**LGB**
Epoche:	**keine konkrete**

H0

1:87

16,5 mm

Mit DB und SNCF durchs Mittelgebirge

Fotos: Aimé Barruhet

Hinter „Schwarzenbach“ verschwindet jede der Hauptstrecken in einem eigenen Tunnel.

Im Alter von 13 Jahren ergab sich für Aimé Barruhet durch einen Zufall die Möglichkeit zu einer ersten Anlage zu kommen: In seinem Ort gab es ein Spielwarengeschäft, in dem es gebrannt hatte. Die Inhaberin fragte ihn und seinen Bruder, ob sie nicht bei den Aufräumarbeiten nach dem Brand helfen wollten. Für die geleistete Hilfe erhielten sie ihre ersten Gleise, Weichen, Loks und Waggons, weil diese Sachen wegen der Brandschäden zum Verkauf nicht mehr geeignet waren. Vater Barruhet stellte daraufhin einen Kellerraum zur Verfügung, darin entstand dann die große Spieleisenbahn.

Aus beruflichen Gründen musste Aimé Barruhet das Hobby 1975 vorerst einmal aufgeben. Von 1982 bis 1989 baute er eine Fleischmann-H0-Anlage (Abmessungen 5,0 x 2,4 m). Dieses „Erstlingswerk“ war aber von Anfang an nicht konsequent genug durchgeplant, sodass sich im Laufe der Zeit und mit zunehmender Modellbauerfahrung auf dieser Anlage seine eigentlichen Vorstellungen nicht mehr verwirklichen ließen.

Baubeginn 1989

Deshalb begann er Ende 1989 mit dem Bau seiner jetzigen Anlage, wieder im H0-Maßstab, diesmal jedoch mit Gleismaterial von Roco. Die vorhandenen Fleischmann-Gleise konnten nutzbringend im Schattenbahnhof und im Tunnel verwendet werden.

Das Untergestell für die Anlage entstand in Rahmenbauweise. Die Stempel, auf denen die Platte befestigt ist, sind 4 x 4 cm stark und haben 1 m Abstand zueinander. Durch die Form der Anlage und die „Schlupflöcher“ entlang der Zimmerwände entstand generell eine Arbeitstiefe von 80 cm von jeder Seite zur Mitte hin, man kann also einigermaßen bequem an allen Stellen der Anlage arbeiten. Um bequem unterhalb der Platte zu ar-

Schuppen und Ladegleise sind auf einem abklappbaren Zusatzstück untergebracht.

Zwei eingleisige Strecken auf dem landschaftlich gestalteten Anlagenteil nahe dem Bahnhof „Winterberg“; man beachte das ungültige Flügelsignal!

Viel Verkehr hat der betriebliche Schwerpunkt der Anlage, Bahnhof „Schwarzenbach“, zu verkraften.

Brücken und Tunnels sind vorherrschende Elemente der Landschaftsgestaltung.

beiten, insbesondere für die Verkabelung, hat Aimé Barruhet sich ein Mechaniker-Rollbrett zugelegt. Als Unterlage für die Anlage diente eine 13 mm dicke Spanplatte. Sperrholz wäre besser gewesen, aber für diesen Zweck zu teuer.

Gleis- und Landschaftsbau

Die Rampen verlegte Aimé Barruhet mit einer Neigung von 25 bis 30 ‰ auf Sperrholz. Die Gleise sind im Allgemeinen auf 5-mm-Korkstreifen befestigt, im Tunnel auf Styroporstreifen. In Kurven beträgt die Überhöhung 1 bis 3 mm. Die Gleise sind in Schotterimitat gebettet. Um Farbunterschiede auszugleichen wurde Farbpulver beigemischt und das Ganze mit einem Ponal-Wasser-Gemisch verklebt.

Die Berge wurden mithilfe von Kartoffelsäcken modelliert, anschließend mit Gips überzogen. Drei Anlagenteile, die Landschaft darstellen, sind abnehmbar. So konnten diese Teile zum Bearbeiten herausnehmbar bleiben. Außerdem kann man diese „Löcher" auch im Notfall für Reparaturarbeiten an sonst schwer zugänglichen Stellen benutzen.

Die Anlage hat L-Form, die Abmessungen betragen 4,5 x 6,0 m, insgesamt sind 150 m Gleise verlegt. Der Fahrbetrieb spielt sich auf vier Ebenen ab. Die Ebene 0 liegt 92 cm über dem Fußboden. Der höchste Berg erhebt sich bis zu einer Höhe von 1,60 m über den Fußboden.

Im Mittelgebirge

Das (Fantasie-) Motiv der Anlage ist im Mittelgebirge angesiedelt; eine doppelgleisige Hauptstrecke kreuzt in einem Bahnhof eine Nebenbahn. Obwohl die Anlage keinem konkreten Vorbild nachempfunden ist, orientiert sie sich doch bis in kleine Details am großen Vorbild, wofür unter anderem

Triebwagen der DB (Schienenbus) und der SNCF in der Nähe von „Winterberg".

In „Winterberg" (Empfangsgebäude in Insellage) ist der Schienenbus eingefahren.

Die beiden eingleisigen Strecken, die sich hier recht nahe kommen, sind im hinteren Anlagenbereich zu finden, etwas oberhalb des Nebenbahnhofs „Winterberg".

häufig an „echten" Bahnstrecken mit dem Fotoapparat recherchiert wurde. Auf der Anlage befinden sich zwei Bahnhöfe: der Hauptbahnhof „Schwarzenbach" und der Nebenbahnhof „Winterberg". Die Bahnsteige sind aus Sperrholz oder Gips-Sand-Gemisch im Eigenbau entstanden. Da der Erbauer gerne Landschaften gestaltet, hat er auf ein Dorf oder eine Kleinstadt verzichtet, tatsächlich sind nur fünf einzelne Häuser vorhanden.

Epoche 3/4 – DB und SNCF

Zeitlich ist die Anlage am Ende der Epoche 3 (Anfang Epoche 4) angesiedelt, gegen Ende der Dampflokzeit. Da Aimé Barruhet aber keine Nieten zählt, hat er die Betriebsnummern der Loks nicht epochegemäß durch Computernummern ersetzt. Bei ihm fahren alle Lokomotiven, die gefallen.

Weichen und Signale werden, entsprechend der Darstellung auf der Anlage, noch vom Stellwerk aus mittels Seil und Umlenkrolle betätigt. Teilweise sind auch schon neue Signale in Betrieb, alte Flügelsignale stehen noch und sind mit weißem Kreuz für den Lokführer als „außer Betrieb" gekennzeichnet.

Da Aimé Barruhet Franzose ist, fahren auf seiner Anlage auch Loks und Triebwagen nach Vorbild der SNCF. Fast alle Wagen (ca. 200 Stück) sind mit Roco-Kurzkupplungen ausgerüstet. Die offenen Güterwagen sind mit passender Beladung versehen, außerdem wurden fast alle mit der Airbrush-Methode und/oder mit dem Pinsel gealtert. Auch die Loks sind zum Teil „verwittert" (die teuereren Modelle allerdings nicht!), einige haben einen neuen Motor mit Schwungmasse erhalten. Fast alle Loks haben vorn (bzw. beim Führerstand 1) eine Originalkupplung und den Brems- bzw. Heizschlauch. Mittlerweile hat Aimé Barruhet damit begonnen, die Inneneinrichtung der Personenwagen zu bemalen und mit sitzenden Figuren zu bestücken.

Farbliche Behandlung

Die Oberleitung stammt von Sommerfeldt. Alle Masten einschließlich der Isolatoren lackierte Aimé Barruhet entsprechend den tatsächlich bei der DB zu beobachtenden Farben um,

Zum großen Bahnbetriebswerk gehört natürlich auch eine Drehscheibe nebst Rundschuppen für die zahlreich hier beheimateten „Dampfer“.

Recht umfangreich sind die Behandlungsanlagen im Bw, sodass die verschiedenen Abfertigungsschritte im Modell nachgeahmt werden können.

selbst die Fahrdrähte (0,5 mm) sind bemalt. Alle sichtbaren Gleise (Schienen und Schwellen) wurden komplett mit Farben behandelt.

Die Bäume – mit Ausnahme der Tannen – sind größtenteils Eigenbau, die übrigen wurden verbessert, insgesamt stehen etwa 350 Bäume auf der Anlage. Die Landschaft wurde mit Woodland Scenics, Silflor und Heki-Material gestaltet. Im Übrigen sind jede Menge Kleinteile von den Firmen Günther, Brawa, Weinert und Mo-Miniatur als äußerst realistisches „Gerümpel" verteilt. Alle Gebäude wurden gealtert oder sogar vollständig neu bemalt. In den Fahrerkabinen der Lastwagen sitzen Preiser-Männchen, die Fahrzeuge haben Zulassungskennzeichen und sind zum Teil umlackiert.

Der Gleisplan weist leider viele Tunnel auf. Die Tunnelröhren sind innen – mindestens 20 cm lang – rea-

Hier wird entschlackt, Lösche gezogen und Wasser gefasst. Die abgekühlte Schlacke wird in Klappdeckelwagen verladen.

Das Kieswerk verfügt über einen eigenen Gleisanschluss.

An der kombinierten Kopf- und Seitenrampe werden Güter verladen – auch die Ladegüter sind sorgfältig nachgebildet. Daneben wartet der schwere Drehkran auf seinen Einsatz.

Nach dem Holzeinschlag müssen die Stämme auf Lastwagen verladen werden. Recht realistisch geht es auf dem Fabrikhof und am Ladegleis zu (links).

Anlagen-Steckbrief

Nenngröße:	**H0**
Baumaßstab:	**1:87**
Anlagengröße:	**4,5 x 6,0 m**
Thema:	**doppelgleisige Hauptstrecke kreuzt Nebenbahnstrecke**
Rollmaterial:	**verschiedene**
Gleismaterial:	**Roco, Fleischmann**
Epoche:	**III und IV**

listisch verkleidet. Dazu wurden Hartschaumplatten unter Föhnwärme verformt. Alle Tunnel haben Namensschilder mit Längenangaben, z.B. „Ansbachtunnel, 224 m".

Fahrbetrieb

Der Fahrbetrieb auf der Anlage erfolgt über sieben Trafos. Zwei Eigenbau-Trafos dienen der Dauerzugbeleuchtung, weitere fünf Wechselstrom-Trafos sind für die allgemeine Anlagenbeleuchtung vorgesehen.

Auf der doppelgleisigen Hauptstrecke fahren auf einem Gleis drei Züge und auf dem zweiten Gleis zwei Züge, jeweils im Wechsel. Auf der eingleisigen Nebenstrecke funktioniert der Mehrzugbetrieb durch Unterteilung in fünf Reedkontakt-gesteuerte Blockstrecken. Ein großer neungleisiger Schattenbahnhof (20 cm unter Ebene 0) versorgt, über Kreuzungsweichen mit dem Hauptbahnhof verbunden, die gesamte Anlage mit neuen Zügen. Der Schattenbahnhof nimmt Züge bis zu 4 m Länge auf und ist mit einem eigenen Trafo versehen, sodass auch eine eigene „Schattenbahnhofsstrecke" gefahren werden kann.

Bei voller Auslastung der Anlage fahren elf Züge gleichzeitig, nur im Betriebswerk bzw. Rangierbahnhof muss per Schaltpult gefahren werden. Manche Leute finden das vielleicht etwas unübersichtlich mit den elf Zügen, vielleicht sogar unrealistisch. Aimé Barruhet hatte aber von Anfang an diese Art von Spielbetrieb vorgesehen. Bei seiner nächsten Anlage will er sich jedoch auf einen anderen Spielbetrieb einstellen!

Neuplanung

Dass Aimé Barruhet seine jetzige Anlage abbauen wird, ist sicher – aber das genaue Datum steht noch nicht fest. Erst will er neues Gleismaterial kaufen, noch ein paar Erfahrungen mit seiner alten Bahn sammeln, einige Tests durchführen und den Plan für die neue Bahn entwerfen, der diesmal jedoch noch besser durchdacht werden soll.

N

1:160

9 mm

BLS-Südrampe in N

Die Südrampe ist ein Teil der Lötschbergstrecke zwischen Bern und Brig, die von der privaten Berner Alpenbahngesellschaft Bern-Lötschberg-Simplon (BLS) betrieben wird. Die Rampe beginnt bei Brig (677 m ü. M.) und führt am Nordhang des Rhônetals über 26 Kilometer bis nach Goppenstein (1261 m ü. M.), wo die Strecke im 15,6 km langen Lötschbergtunnel verschwindet. Der mittlere Steigungsgrad beträgt somit 21 ‰, womit sie eine richtige Bergstrecke ist, die heutzutage sowohl im innerschweizerischen als auch im internationalen Personen- und Güterverkehr eine wichtige Rolle spielt. Eine bunte Mischung internationaler Fahrzeuge rollt Tag und Nacht über die Gleise.

Wegen einer Vielzahl beeindruckender Bauwerke wie Brücken und Viadukte und auch wegen der grandiosen Ausblicke hinunter ins tiefe Rhônetal ist eine Wanderung über den Höhenweg Lötschberg-Südrampe jedoch in jedem Falle sehr empfehlenswert, und das gilt keineswegs nur für Eisenbahnliebhaber. Für die niederländischen Modellbaugruppe „Paerebôngerd Prengli“ standen Szenen von der Lötschberg-Südrampe Pate beim Bau ihrer Ausstellungsanlage im Maßstab 1:160.

Das Modell

Der Gleisverlauf ist ganz einfach und folgt dem Verlauf des Vorbilds. Es handelt sich um ein doppelspuriges Oval, von dem lediglich die Vorderseite vom Zuschauer eingesehen werden kann. Hinter der Rückwand stehen für jede Fahrtrichtung zwei Abstellgleise zur Verfügung. Auf der Zuschauerseite werden einige der markantesten eisenbahntechnischen Bauwerke vorgeführt.

Folgen wir der Linie bergwärts, dann hat sie für das Publikum ihren Anfang auf der rechten Seite, wo die Gleise aus dem Sevisstein-Tunnel ans Tageslicht kommen und im Bahnhof Ausserberg eintreffen. Nach dem Verlassen des Bahnhofs verschwindet unser Zug unter dem Hasilwald im dunklen Bietschtaltunnel I. Danach überqueren wir das Bietschtal auf der gleichnamigen Brücke, wo wir direkt wieder vom Bietschtaltunnel II, der unter den grün bewachsenen Flanken des Telwaldes hindurchführt, „geschluckt“ werden.

Sobald wir wieder zum Licht zurückgekehrt sind, wird eines der so genannten Lehnenviadukte befahren. An der linken Talseite fällt hier das Gelände steil ab, während rechts die eckigen und einigermaßen kahlen Felsen hoch neben uns aufragen. Danach geht es über den Luogelkinn-Viadukt, nach einer lang gestreckten Rechtskurve gelangt man schließlich in die Stockgrabengalerie, wo unsere Reise endet.

Gleise und Oberleitung

Weil sie so naturgetreu sind, wurden Code-55-Schienen von Peco verwendet. Nachdem die Gleise auf den Trassen aufgenagelt waren, wurden sie mit der altbewährten Holzleim-Wasser-Methode und echtem Modellschotter eingeschottert. Zum Schluss wurde der gesamte Gleiskörper mit Farbe und Kreide nachbehandelt. Die Weichen im Bahnhofsbereich werden einfach von Hand über Ziehstangen gestellt. Das hat sich als eine solide und zudem billige Lösung erwiesen.

Die Übergänge zwischen den Teilen einer transportablen Anlage sind – vor allem im N-Maßstab 1:160 – eine delikate Angelegenheit. Man entschied sich deshalb dafür, jeweils die letzten drei Zentimeter der Gleise auf einer Pertinax-Platine festzulöten, womit sie „bombenfest“ auf die Gleistrassen fixiert werden. Nachdem die Anlagenteile exakt justiert sind, ergibt das eine betriebssichere Verbin-

Fotos: Martin Knaden

Bei den Triebfahrzeugen dominieren naturgemäß die BLS-Lokomotiven, das Wagenmaterial ist dagegen international – auch im Maßstab 1:160 (oben).

Die Doppelloks der Reihe Ae 8/8 wurden eigens für die schweren Züge am Lötschberg beschafft, das N-Modell stammt von Hobbytrain (links).

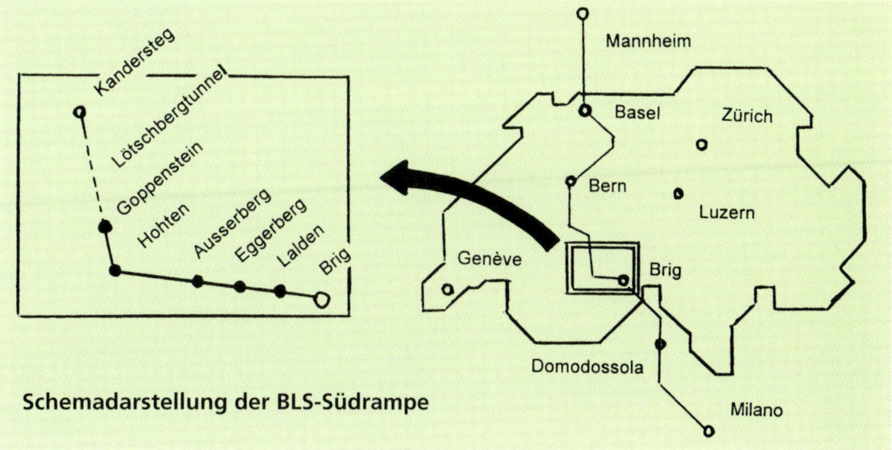

Schemadarstellung der BLS-Südrampe

Schnellzugverkehr in der Station Ausserberg, hier mit einem SBB-Zug. Typisch sind die Fahrleitungsjoche, der Fahrdraht wurde bewusst weggelassen.

Die sehr massiven Holzhäuser in alpenländischer Blockbauweise finden sich oberhalb der Station Ausserberg.

dung. Entgleisungen sind dadurch recht selten geworden.

Da auf eine Strom führende Oberleitung verzichtet werden sollte – und weil eine Fahrleitung wegen des Transports immer ein Problem darstellt –, fiel der Entschluss, nur die Masten von Sommerfeldt zu installieren und die Fahrdrähte wegzulassen. Ab einer Entfernung von etwa einem Meter ist das Fehlen dieser Drähte kaum sichtbar und sicher nicht störend.

Landschaftsgestaltung

Auf den Grundrahmen der einzelnen Anlagenteile wurden in senkrechter Richtung alle 40 cm hölzerne Spanten geschraubt, aus denen die Landschaftskonturen ausgesägt wurden. Zwischen den Spanten wurde dann ein Untergrund aus alten Gardinen befestigt, auf denen mit in Gips getauchten Papiertüchern die definitive Landschaft geformt wurde. Hier und da wurden auch noch Abgüsse richtiger Felsstücke eingebettet. Die weiße Gipsmasse wurde darauf mit verdünnter schwarzer Tinte und Kreide angefärbt. Danach erfolgte die Begrünung des Ganzen mit den bei den Erbauern beliebten Produkten von Woodland Scenics und sie „pflanzten“ noch etwa 1000 selbst gefertigte Laub- und Nadelbäume.

Damit eine überzeugende Tiefenwirkung entstand, wurde ein etwa 30 cm über die Berggipfel aufragender hellblauer Hintergrund auf Hartfaserplatte aufgemalt. Mit der Spritzpistole wurden dann noch einige verwischte Berggipfel und Wolken angebracht.

Kunstbauten

Um der Anlage einen ganz eigenen Charakter zu verleihen entstanden alle Häuser in völligem Eigenbau. Als Basismaterial diente Balsaholz, ergänzt durch Reste aus der Bastelkiste. Das Dorf Ausserberg konnte selbstverständlich nicht in vollem

Nochmals ein Blick auf den Bahnhof Ausserberg, hier mit Zugkreuzung.

Die Bietschtalbrücke, die in H0 mittlerweile als Faller-Modell angeboten wird, musste die niederländische Gruppe „Paerebôngerd Prengli“ für ihre reizvolle BLS-Anlage mühevoll selbst herstellen.

Zu den herausragenden Kunstbauten der Südrampe zählt dieses Viadukt, das deshalb unbedingt auch im Modell nachgestaltet werden musste (oben).

Eine der kleineren Brücken wird gerade von einem Güterzug befahren (links).

Der im Haupttext erwähnte Luogelkinn-Viadukt mit kreuzenden Zügen, er entstand mit Hilfe einer gipsüberzogenen Hartschaumform (rechts).

Umfang nachgebildet werden, sondern nur im Bahnhofsbereich. Das Empfangsgebäude und den alten Güterschuppen haben die Erbauer anhand von Lichtbildern nachgebaut. Die übrigen Gebäude sind reine Fantasiemodelle; sie geben jedoch den charakteristischen Baustil dieser Gegend recht gut wieder. Preiser-Figuren und Langley-Automodelle beleben die Szene.

Beim Bau einer Gebirgsbahn kommt man in den wenigsten Fällen ohne Brücken und Viadukte aus. Gerade das aber stellte eine besondere Herausforderung dar, zumal es die gewünschten Bauwerke weder als Fertigmodelle noch in Form von Bausätzen zu kaufen gab. Also war auch hier Selbstbau angesagt.

Auf der Anlage wurden zwei charakteristische Bauwerke der BLS im Modell nachgebaut. Für den Bau des mit Natursteinen verkleideten Luogelkinn-Viaduktes wurde zuerst eine Basisform aus Hartschaum gefertigt. Diese Form wurde mit einer 4 mm dicken Gipsschicht überzogen, danach wurde jeder Stein mit Hilfe eines Minibohrgerätes „ausgekratzt“. Die bereits erwähnte Tinte-und-Kreide-Methode sorgte schließlich auch hier für die richtige Farbe.

Die stählerne Bietschtalbrücke dagegen war ein Kapitel für sich. Sie wurde vollständig aus Messingprofilen zusammengelötet, teilweise wurde allerdings auch geklebt. Zum Schluss erhielt die Brücke einen Grundier- und zwei graue Anstriche aufgespritzt. Treppen und Geländer aus Kunststoff gaben ihr den

Die Einfahrt in den Bahnhof Ausserberg mit Rangierabteilung

Feinschliff. Beide Kunstbauten wurden übrigens anhand von Fotos und Bauzeichnungen aus diversen Modellbauzeitschriften gebaut.

Fahrzeugeinsatz

Auf der Lötschbergbahn haben natürlich die BLS-Triebfahrzeuge das Sagen. Daneben ist aber auch die SBB immer gut vertreten. Beim Wagenmaterial fährt so ungefähr alles, was bei den westeuropäischen Eisenbahngesellschaften auf Schienen fahren kann. Es handelt sich schließlich um eine internationale Transitstrecke.

Und so geht es auch bei den Erbauern zu. Im Bezug auf die Waggons sind im Modell die gängigen Fabrikate Arnold, Fleischmann, Minitrix und Roco mit dabei, obwohl beim Triebfahrzeugeinsatz die Firma Hobbytrain ganz klar die Nase vorn hat.

Fazit

Als „Paerebôngerd Prengli“ mit dem Bau dieser Anlage begannen, war das Ziel, den typischen Charakter der BLS-Südrampe einschließlich einiger markanter eisenbahntechnischer Bauwerke genau wiederzugeben. Dabei sollte die Verwendung handelsüblicher Fertigprodukte soweit wie möglich vermieden werden. Es schien schlichtweg zu einfach und zudem auch nicht modellbaugerecht, alles „von der Stange“ zu kaufen und damit ruck, zuck eine Anlage „zusammenzuflanschen“.

Dabei sind die Erbauer der Meinung, dass der Selbstbau eines Werkstücks tausendmal mehr über Kreativität und Schaffenskraft seines Erbauers aussagt als ein Fertigprodukt. Übrigens gab es für die Anlage gar nicht viele Fertigprodukte auf dem Markt zu kaufen, sodass die Erbauer schon von daher überwiegend auf eigene Erzeugnisse angewiesen waren. Das Urteil darüber, ob das Ziel erreicht wurde, überlässt das Team von „Paerebôngerd Prengli“ allen, die die Anlage „live“ auf einer Ausstellung oder zumindest auf Bildern bewundern konnten.

Einige der typischen Ausserberger Holzhäuser an der Bahnhofsausfahrt

Anlagen-Steckbrief

Nenngröße:	**N**
Baumaßstab:	**1:160**
Anlagengröße:	**11,0 x 1,1 m**
Thema:	**BLS-Südrampe**
Rollmaterial:	**Arnold, Fleischmann, Minitrix, Roco, Hobbytrain**
Gleismaterial:	**Peco**
Epoche:	**IV – V**

Die Brücke

Z

1:220

6,5 mm

Fotos: Martin Knaden

Blick vom „Feldherrnhügel" auf das Altenbekener Viadukt und die Überfahrt eines langen Güterzuges. Der mit einer 216 bespannte Eilzug aus Paderborn wird gleich in Altenbeken einlaufen.

Zu den berühmtesten Brücken in Deutschland zählt das Altenbekener Viadukt – ein gewaltiger Bau, der im Modell auf den ersten Blick nicht realisierbar erscheint. Martin Krüger hat das Projekt dennoch bewältigt: auf einem insgesamt sieben Meter langen Diorama liegt das Viadukt eingebettet in die originalgetreue Landschaft. Möglich wurde dies durch die Wahl des kleinsten Modellbahnmaßstabs Z. Bahntrasse und umgebende Landschaft wurden völlig ohne Verzerrungen oder Stauchungen ins Modell umgesetzt.

Die Anlage besteht aus sieben Segmenten (je 1 m lang und 0,85 m tief). Passstifte und Schlossschrauben sorgen für eine exakte und feste Verbindung. Während die Endsegmente (sie dienen zum Wenden der Züge nach dem „Hundeknochenprinzip") aus einem stabilen Sperrholzkasten bestehen, wurden die mittleren Teile auf Tischlerplatten gebaut.

Um Gewicht zu sparen sind die Hügel in „Pfahlbauweise" erstellt: In

Altenbeken im Sommer 1960, der recht neue VT 11.5 überquert das Viadukt. Der Bauer lässt sich bei seiner Arbeit nicht durch die „Bahn über dem Haus“ stören.

Die Perspektive von unten lässt die im Original 33 m hohe Brücke bei immerhin noch 15 cm Modellhöhe sehr realistisch wirken.

Das Gehöft liegt harmonisch am Fuße des Brückenkopfes. Es besteht aus einem handelsüblichen Bausatz.

die Grundplatte eingeleimte Rundstäbe wurden mit Aluminiumgeflecht als Geländehaut überspannt und mit einer dünnen Schicht aus Gipsbinden abgedeckt.

Zentraler Blickfang ist das große Brückenbauwerk. Es hat 24 Bögen und ist im Original 495 m lang. Um nicht alle Brückenbögen einzeln bauen zu müssen, wurden die schmalen und die stärkeren Pfeiler je einmal aus Polystyrol zusammengesetzt. In die glatten Polystyrolplatten mussten alle Mauerfugen einzeln eingeritzt werden. Diese Urmodelle wurden dann in Silikonkautschuk eingeformt und nach dem Aushärten mit Resine abgegossen. Die Farbgebung erfolgte mit matten Kunstharzfarben. Einzelne Steine konnten mit unterschiedlichen Farbnuancen hervorgehoben werden. So erhielt jeder Pfeiler sein individuelles Aussehen.

Das Viadukt in voller Länge. Die maßstäbliche Ausführung solch gewaltiger Bauwerke ist nur in kleinen Nenngrößen möglich.

Ein langer Kühlwagenzug bringt die Ausmaße der Brücke hervorragend zur Wirkung. Gibt es eine schönere Paradestrecke?

Vorbild oder Modell? Zugbegegnung am westlichen Brückenkopf: Eine rote Vorserien-216 zieht den Kühlwagenzug über Paderborn nach Bremerhaven, der Kohlenzug aus Richtung Ruhrgebiet wird von einer 57 gezogen, die von einer 50er Vorspann erhält.

Zudem tarnt die Farbe die Übergänge von Pfeiler zu Pfeiler. Eine Fuge im Mauerwerk ließ sich allerdings nicht vermeiden, da hier die Trennkante zwischen zwei Segmenten verläuft.

Auch die Gebäude sollten soweit wie möglich ihren Vorbildern entsprechen. Das Original der Kirche wurde vor Ort vermessen und aus Polystyrol- und Dachplatten exakt nachgebaut. Bauernhof und Wohnhaus sind dagegen aus handelsüblichen Bausätzen gefertigt, die allerdings farblich angepasst wurden.

Zur Darstellung der Vegetation ist Schaumstoff in passender Dicke mit einer dünnen Schicht aus feinem, grünem Streumaterial überzogen und alles mit der bekannten Wasser-Leim-Lösung fixiert. Das Rapsfeld wurde zur optischen Auflockerung angelegt. Leuchtend gelbes Streumaterial stellt das Feld zur Zeit der Blüte dar.

Alle eingesetzten Fahrzeuge verfügen über eine Kurzkupplung, sodass

Bevor der Bräutigam nun gleich seinem „weißen Schwan" das Ja-Wort gibt, gönnt er sich noch einen Blick auf den „Schwarzen Schwan", die BR 10.

Hier ist eine Kö I mit einem Arbeitszug angerückt um Schäden am filigranen Brawa-Gitter auszubessern. Da die Anlage bereits auf mehreren Modellbahn-Ausstellungen zu besichtigen war, lassen sich kleinere Schäden an den empfindlichen Stellen nicht ganz vermeiden.

der Pufferabstand erheblich reduziert wird und ein langer Ganzzug dadurch sehr realistisch wirkt. Somit erzielen Landschaft, Viadukt und Züge eine äußerst harmonische Wirkung auf den Betrachter. Wer nicht so viel Platz hat, sollte die Stauchung einer Brücke unbedingt vermeiden, sondern lieber ein entsprechend kleineres Vorbild wählen.

Anlagen-Steckbrief

Nenngröße:	**Z**
Baumaßstab:	**1:220**
Anlagengröße:	**7,00 x 0,85 m**
Thema:	**Altenbekener Viadukt**
Rollmaterial:	**Märklin**
Gleismaterial:	**Märklin**
Epoche:	**III**

N

1:160

9 mm

Kopfbahnhof mit Durchgangsverkehr

Als 1981 in der MIBA, passend zur gerade erschienenen Liliput-95, der Gleisplan von Lauscha in Thüringen vorgestellt wurde, hat Klaus Möntenich dies alles mit Interesse gelesen, aber keineswegs an einen Nachbau gedacht. Im Frühjahr '94 brachte er seine 35 MIBA-Jahrgänge „auf Vordermann". Dabei sprang dann der Funke „Lauscha" über!

Doch welchen Maßstab sollte er wählen? Ohne Gefahr für den häuslichen Frieden war mehr als 3 x 0,7 m nicht tragbar. So blieb nur die Nenngröße N. Da traf es sich gut, dass mittlerweile die 95 von Arnold auf dem Markt und die in neueren Zeiten fast ebenso typische 119 von Brawa auf der Messe '94 angekündigt war. Unter diesen Voraussetzungen konnte Klaus Möntenich mit der Planung beginnen. Den Bahnhofsgleisplan übernahm er aus der MIBA, nur mit den Vorschlägen für die „Unterwelt" war er nicht einverstanden. Vor allem die Gleiswendel sofort nach der Ausfahrt Richtung „Sonneberg" schien ihm nicht so recht praktikabel. Wie sollten da der Taleinschnitt und der unverzichtbare Viadukt noch möglich sein? So legte er die Gleiswendel unter das Empfangsgebäude und die beiden Schattenbahnhöfe „Probstzella" und „Sonneberg" übereinander, direkt hinter die Vorderwand der Anlage, durch Öffnungen erreichbar!

Zur Verdichtung des Verkehrs plante Klaus Möntenich an der Rückwand in den Zufahrtsstrecken zur Wendel jeweils einen Begegnungsbahnhof ein, damit ein hier bereitgestellter Zug sofort nach Einfahrt des Zuges aus Lauscha ausfahren kann ohne die lange Wendeltour abwarten zu müssen.

Das vollständige Konzept ergab sich erst, nachdem ein passender Weg für die Anbindung der Strecke nach „Sonneberg" an dieses System eingefallen war: Diese hintere Bahnhofsausfahrt verschwindet nun (unauthentisch in einem Tunnel) auf einer Schwenkbühne von maximaler Zuglänge, die ca. 17° nach hinten und gleichzeitig 50 mm nach unten schwenkt. So findet sie Anschluss an den unteren Begegnungsbahnhof. Der

Den Kopfbahnhof Lauscha im Thüringer Wald hat Klaus Möntenich im Maßstab 1:160 nachgebildet.

Fotos und Zeichnungen: Klaus W. Möntenich

Interessanter Betriebsablauf im Bf Lauscha: Einfahrt des Reisezuges (oben, aus Richtung „Probstzella") bis zum Bahnsteig, Aussteigen, Zurückdrücken des Zuges …

… bis auf Höhe des Stellwerks zum Umsetzen der Lok, wieder zurück an den Bahnsteig zum Einsteigen, Ausfahrt (unten, nach „Sonneberg").

Das selbst gebaute Empfangsgebäude von Lauscha im Modell.

Kehrbogen der Strecke nach „Probstzella" – über den Viadukt – überfährt die Schwenkbühne und kann durch die bis zum Talgrund heruntergezogene Seitenkulisse kaschiert werden.

Gleis- und Weichenbau

Mit dem Gleis- und Weichenbau fing Klaus Möntenich an. Vor vielen Jahren stand ein Verfahren in der MIBA, das er für seine Zwecke vervollkommnet angewendet hat. Dabei nagelt er mit einem selbst gebauten Heftapparat – mit drei Krampenschächten im N-Gleisabstand – jeweils eine Lindenholzschwelle mit zwei Krampen im Abstand der Schienenprofile auf den Unterbau aus Pappelsperrholz. Die Krampenstreifen fertigte er sich mit einem anderen Werkzeug aus Heftklammern Nr. 10 (ca. 9 x 5 mm) mit 1,4 mm Weite.

Der Heftapparat wird an Lineal oder Zirkelstange geführt. Auf freier Strecke sind dabei Spurlehren über-

flüssig. Aus dem Quersteg der Krampen wird mit einer Spezialzange die Schienenstegbreite herausgetrennt, sodass man dann die Schienenprofile einschieben kann, nachdem zuvor geschottert wurde. Die 1,4 mm lichte Krampenweite erlaubt die Verwendung der Bemo-H0e-Profile in der „Unterwelt", im sichtbaren Bereich aber der wesentlich zierlicheren Code-55-Profile von Hobbyecke Schuhmacher.

Doch Klaus Möntenich wollte mit Normalspurkränzen fahren! Auf dem Probestück mit Code 55 ratterten die Spurkränze zunächst über die inneren Schienenhaken, aber ein paar Feilstriche mit der Schmalseite einer Flachspitz-Nadelfeile sorgten bald für Ruhe.

Nun war kein Halten mehr! Vor allem der „Hosenträger" und die beiden DKW waren ein aufregender Bastelgenuss! Durch sein Verfahren war Klaus Möntenich an keine feste Weichengeometrie gebunden. Alle Weichen haben einen Radius von 600 mm (entsprechend zwar nicht 190, aber doch wenigstens immerhin ca. 100 m in der Wirklichkeit). Die einfachen Weichen sind mit Federzungen, die DKW mit Gelenkzungen versehen. Es soll nicht unterschlagen werden, dass durch das notwendige Setzen der Schienenhaken mit Setzwerkzeug und durch leichte Hammerschläge auf den Schienenfuß bei Verwendung des doch sehr zarten Code-55-Profils auf den leichten Lindenholzschwellen geringfügige Vertikalwellen wohl unvermeidlich, aber nicht betriebsgefährdend sind. In der „Unterwelt" sind die Weichen – wie die Spielzeugweichen vor dem Krieg – ohne Herzstück ausgeführt und daher besonders betriebssicher.

Danach kam die Weichenbetätigung an die Reihe. Klaus Möntenich gibt zwar vor kein Purist zu sein, der mechanische Weichenbetätigung in der Wirklichkeit dann auch unbedingt für das Modell verlangt, aber hier bot

Nicht nur die Gebäude von Lauscha, auch Gleise und Kulisse baute Klaus Möntenich in Nenngröße N selbst.

sich die Handbetätigung geradezu an, da fast alle Weichen von der Vorderseite direkt erreichbar sind. Weitere Vorteile sind niedrigere Kosten und sichere Funktion. Der mit Federstahldraht verlängerte Hebel eines Kipphebelschalters bewegt die Stellschwelle. Die zur Vorderwand führende Stellstange legt nur den Hebel um. Der Schalter versorgt Herzstück und Federzungen, ggf. auch Abschaltgleise, entsprechend der Weichenstellung mit Strom. Nur die Weichen der Begegnungsbahnhöfe (da automatisiert) und die Einfahrsignale (da mechanisch schwer erreichbar) haben Bemo-Motorantriebe. Diese werden für Hp2 über abfallverzögerte Relais an Spannung gelegt und fallen nach entsprechendem Zeitablauf auf Hp0 zurück.

Auch in diesem Bereich stimmen die charakteristischen Bauten mit ihren jeweiligen Vorbildern überein – man erkennt u.a. das Stellwerk, die Häuser über der Stützmauer oder – im Vordergrund links – die Güterabfertigung.

Beeindruckend – das große Steinviadukt am Ortseingang von Lauscha. Zu Dampflokzeiten wurde in Richtung Lauscha übrigens „Schornstein voraus" gefahren.

Bei den Begegnungsbahnhöfen schaltet der zuletzt eingefahrene Zug (Reihenfolge unerheblich) beide Weichen auf Ausfahrt. Nach Umpolen der zugehörigen Fahrgeräte fahren die Züge aus und stellen danach die eben befahrene Weiche auf Einfahrt zurück. Soll nur ein Zug ohne Gegenzug fahren, wird die Weiche durch Taster im kleinen Stellpult auf Ausfahrt gestellt.

Landschaft und Gebäude

Nachdem der Rohbau durch die Bauaufsicht abgenommen war, kam der Gebäude- und Geländebau an die Reihe. Trotz der schönen Vorbildfotos in der MIBA hielt Klaus Möntenich einen Lokaltermin im Mai 1995 für unumgänglich. Dabei wurden zwei Kleinbildfilme voll. Vor einige Objekte stellte er seine Frau als „Messlatte“. So konnte er beim Nachbau aus den Bildern die ungefähren Maße ermitteln. Außerdem half ihm die Annahme, dass die meisten Häuser wohl vor dem 1. Weltkrieg (Empfangsgebäude von 1912) entstanden sein dürften. Damals waren Raumhöhen von 3,5 m und darüber üblich. So hofft der Erbauer die Proportionen trotz fehlender Zeichnungen getroffen zu haben.

Nach Erstellung des Spantenrohbaus für das Gelände baute Klaus Möntenich die insgesamt 52 Gebäude und stellte sie, meist abnehmbar, auf. Die Häuser im Vordergrund, die Betriebsgebäude und die Häuser direkt hinter dem Bahngelände entstanden vollständig aus Vollmer- und Kibri-Bauplatten, Sandpapier, Pappe usw. Die meiste Arbeit machte die Anfertigung der Fenster aus Verpackungs-Polystyrol von ca. 1 mm Stärke. Die Fensterrahmen aus der Bastelkiste waren schnell verbraucht und nicht nachbeschaffbar. Die Dachkanten sind in Lauscha meist mit Zinkblech abgedeckt. Die aus alten Alutuben gefertigten und mit Sekundenkleber befestigten Profile verdecken gnädig kleine Spalten der nicht unbedingt mit letzter Präzision gefertigten Dachplatten an den Firstkanten. Die Seitenwände der Häuser klebte Klaus Möntenich nach vollständiger Fertigstellung mit eingesetzten Fenstern und mit auf Gehrung geschabten Kanten zusammen.

Die Häuser jenseits der Straße über der Stützmauer sind vereinfacht dar-

Die „Modellbahner-Lösung“ mit dem steilen Geländeanstieg hinter dem Bahnsteig entspricht durchaus der Vorbildsituation.

Der Personenzug mit einer Diesellokomotive der BR 229 verlässt den Kopfbahnhof Lauscha.

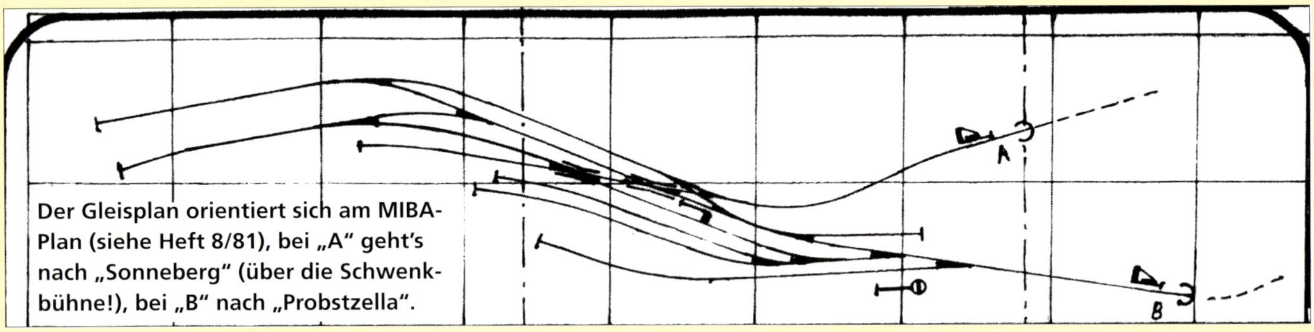

Der Gleisplan orientiert sich am MIBA-Plan (siehe Heft 8/81), bei „A“ geht's nach „Sonneberg“ (über die Schwenkbühne!), bei „B“ nach „Probstzella“.

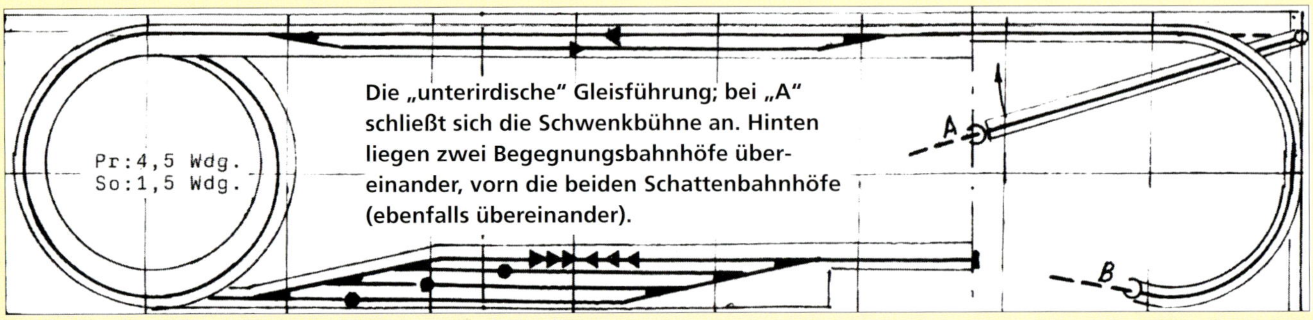

Die „unterirdische“ Gleisführung; bei „A“ schließt sich die Schwenkbühne an. Hinten liegen zwei Begegnungsbahnhöfe übereinander, vorn die beiden Schattenbahnhöfe (ebenfalls übereinander).

gestellt. Der Korpus wurde mit schiefergrauem Zeichenkarton beklebt, in den die Fensteröffnungen eingeschnitten sind. Die darin eingelegte Fensterschablone aus Metall malte Klaus Möntenich mit einem dünnen, schwarzen Filzstift aus. Wichtig bei der Pappbauweise: Keine wassergelösten Kleber oder Farben verwenden! Die Dächer dieser Papphäuschen sind wieder aus Bauplatten. Insgesamt benötigte er ca. 7 m Dachrinnen, die mit einem Eigenbau-Werkzeug aus 0,1-mm-Messingblech entstanden. Die Fallrohre sind aus Draht mit 0,7 mm Durchmesser gebaut.

Kenner der Szene werden feststellen, dass nicht alle Häuser vorhanden sind. In Anbetracht der im Modell notwendigen Gleisverkürzung wäre das maßstäblich auch gar nicht möglich gewesen. So hat Klaus Möntenich eine gewisse Auswahl getroffen und bei den Hintergrundhäusern den Maßstab angepasst. Es kam ihm auch entgegen, dass der südliche Teil des Güterschuppens bei seinem Besuch schon abgerissen war; seine Darstellung hätte ihn mit der Laderampe in Schwierigkeiten gebracht. Inzwischen ist der Güterschuppen ganz verschwunden!

Nach Schließen der Geländehaut in üblicher Weise, Anfertigung und Aufstellung der Weinert-Signale und Weichenlaternen, „Pflanzung" von rund 210 Selbstbau-Litzendrillbäumen und Büschen usw. war nach ca. zwei Jahren alles fertig! Natürlich sind die Geländeteile, die irgendeine Mechanik verdecken, abnehmbar. Bisher war das zwar für Reparaturzwecke noch nicht nötig, aber Klaus Möntenich konnte im Sitzen die Detaillierung vornehmen. Fehlte noch der Hintergrund. Den malte er größtenteils selbst, was durchaus „milieugerecht" gelang.

Zwischen den abgehenden Strecken (links Richtung Sonneberg, rechts nach Probstzella) fand – wie einst beim Vorbild – ein kleiner Lokschuppen Platz.

Geradezu eine „Postkartenansicht" vom Stellwerk Lauscha, die auch im Modell ihre Wirkung nicht verfehlt!

Anlagen-Steckbrief

Nenngröße:	N
Baumaßstab:	1:160
Anlagengröße:	3,0 x 0,7 m
Thema:	Kopfbahnhof
Rollmaterial:	Arnold, Fleischmann
Gleismaterial:	Selbstbau
Epoche:	V

Anlagenbau im Familienteam

Eine erste Anlage, die Wolfgang Salm zusammen mit seinem Sohn baute, diente dem Sammeln von Erfahrungen. Weil der Sohn ins Ausland ging, bekam die Tochter eine Chance – modellbahnmäßig gesehen. Beim Bau der jetzigen Anlage war der Vater für die Technik, die Tochter für die Kunst zuständig!

Die erste stationäre Anlage baute Vater Salm zusammen mit seinem damals fünfzehnjährigen Sohn. Mit einer Märklin-Oberleitung und drei Trix-EMS-Steuergeräten konnten fünf Züge unabhängig gesteuert und alle Personenwagen auch im Stand mit EMS-Strom beleuchtet werden. Allerdings waren beide mit den unsicheren Kupplungen, der fehlenden Wendemöglichkeit, der oft schlechten Stromaufnahme sowie der verminderten Zugkraft der EMS-Loks nicht zufrieden und beschlossen, nach dem Erscheinen des Roco-Line-Gleisprogramms umzusteigen, wenn auch nicht vollständig, denn in der Zwischenzeit gab es ja das Mehrzugsystem Selectrix und das Trix-Gleisbildstellwerk. Planung und Aufbau dieser neuen Epoche-III-Roco-Pilotanlage mit Selectrix zogen sich über drei Jahre hin.

Die Decoder hat Vater Salm in fast alle Loks selbst eingebaut; es war für ihn jedes Mal ein spannender Augenblick, wenn er die neue Lok nach der „letzten Lötung“ auf die Schienen setzte und den Regler betätigte: Rührt sich was oder nicht? Nach einigen Anläufen hat es aber immer geklappt. Der große Vorteil des Selectrix-Systems besteht nach Salm'scher Ansicht darin, Kehrschleifen automatisch durchfahren zu können. Andererseits weiß man manchmal nicht, in welche Richtung nach dem Einschalten des Systems eine neu adressierte Lok losfahren wird, weshalb mit Selectrix keine uneinsehbaren Schattenbahnhöfe betrieben werden sollten. Daher haben die Salms den größeren der

Eine romantische Burg darf nicht fehlen.

Der Stadtrand wird nicht nur durch Industriebauten (auf der MZZ-Kulisse), sondern auch durch Schrebergärten glaubhaft charakterisiert.

Fotos: Wolfgang Salm

beiden Schattenbahnhöfe auf ihrer jetzigen Anlage neben dem Regiepult angeordnet und überwachen den zweiten Schattenbahnhof nicht nur mit Besetztanzeigen, sondern auch mit Spiegeln.

Da die Salms vor allem am Betrieb mit längeren Zügen und nicht nur an Äußerlichkeiten der Fahrzeuge interessiert waren, kauften sie die Loks nach den erhofften Fahreigenschaften. Hervorragend liefen die meisten großen Loks von Roco, auch die 01 mit Tenderantrieb. Erstaunlich gut war auch die Köf II von Brawa mit N-Decoder; sie zog mühelos sechs Güterwagen den Berg hinauf!

Bereichert mit den Erfahrungen aus der Pilotanlage machten Salms sich daran, eine größere Anlage mit vielseitigeren Betriebsmöglichkeiten zu entwerfen. Es empfahl sich dabei, ein PC-Gleisplanungsprogramm zu benutzen; zeichnet man nämlich nur von Hand, so täuscht man sich leicht über den tatsächlichen Platzbedarf! Monatelang konstruierten Vater und Sohn am Computer um die Wette, debattierten und rangen um Kompromisse. Wichtig war ihnen, nach schmerzhaften Erfahrungen, eine gute Erreichbarkeit aller „kritischen" Anlagenteile.

Insgesamt wollten sie eine Ringstrecke darstellen; den Schwerpunkt sollte ein Bahnhof bilden, in dem Züge mit bis zu sechs unverkürzten Schnellzugwagen halten konnten. Ferner sollte der Betrachter die fahrenden Züge auf einer möglichst langen, großzügigen, doppelgleisigen Paradestrecke verfolgen können. Die Züge sollten aber auch gewendet werden und den Bahnhof von beiden Seiten erreichen können. Das Bw wurde dadurch motiviert, dass die zweigleisige, viel befahrene Strecke hinter dem Bahnhof nur eingleisig weitergeführt wurde. Auf diese Weise ergab sich ein für den Modellbahner willkommener betrieblicher Engpass.

Außer der Eisenbahn fand in der Stadt (am linken Rand) auch eine Trolleybus-Strecke Platz sowie im oberen Teil des landschaftlich gestalteten Anlagenschenkels eine Eggerbahn (Feldbahn), die angenommener-

Kohlen, Heizöl, Düngemittel – ein wichtiger Anschluss für die Bahn, im Modell sorgt er für Rangiermöglichkeiten.

Biergarten und Kinderspielplatz sind eine Herausforderung für den Motivgestalter, die Tochter von Wolfgang Salm.

Mit einem langen Anschlussgleis ist der kleine Binnenhafen an das übrige Gleisnetz der unteren Ebene angeschlossen.

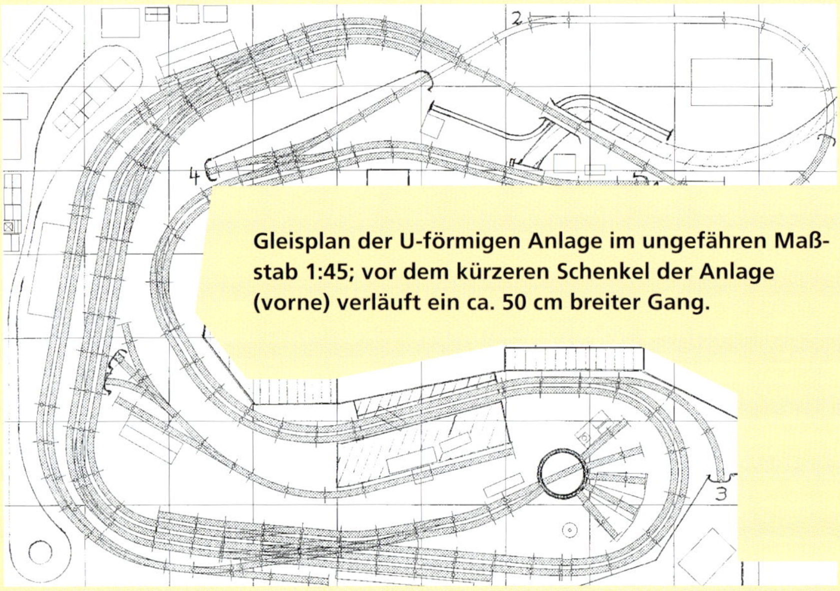

Gleisplan der U-förmigen Anlage im ungefähren Maßstab 1:45; vor dem kürzeren Schenkel der Anlage (vorne) verläuft ein ca. 50 cm breiter Gang.

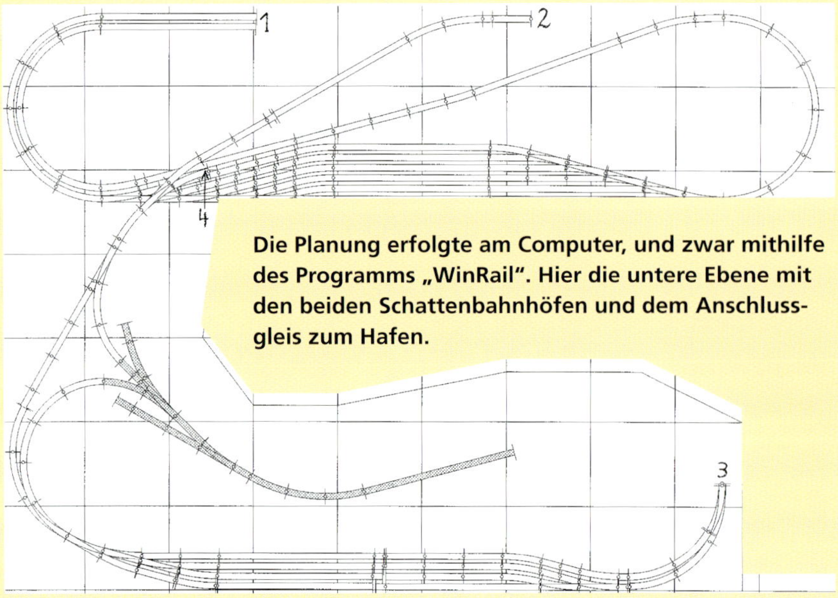

Die Planung erfolgte am Computer, und zwar mithilfe des Programms „WinRail“. Hier die untere Ebene mit den beiden Schattenbahnhöfen und dem Anschlussgleis zum Hafen.

maßen den Lehm aus der nahe gelegenen Tongrube in eine kleine Ziegelei anfährt.

Sohn Salm zog nach dieser Planungsphase ins Ausland und allein machte dem Vater das Aufbauen nicht so viel Spaß. Er fragte nun seine Tochter, ob sie an einem modellbahnerischen Teamwork interessiert wäre – sie sollte für die „Kunst“ und er für die „Technik“ zuständig sein. Sie sagte zur Freude des Vaters zu und begann unverzüglich den Kellerraum wesentlich schöner als bisher auszugestalten: Die Decke erstrahlte in Weiß, die Wände in Blau (mit Wolken) und den Boden malte sie grün. Nun war Vater Salm als Schreiner und Elektriker an der Reihe mit dem Aufbau des Rahmens, dem Verlegen der Gleise nach Plan und dem Anschließen der Weichen an die Bausteine der Gleisbildstellwerke. Auf weitere elektronische Hilfsmittel verzichtete er bewusst, da er handgesteuerten Betrieb „auf Sicht“ bevorzugt und er sich gerne direkt verständigt. Dazu installierte er neben dem Sitz in der Mitte noch ein zweites Regiebrett mit Handreglern und dem Bedienelement für die Drehscheibe.

Die nicht gerade filigrane Märklin-Oberleitung wurde aus Nostalgie-, aber auch aus Kostengründen als Attrappe weiterverwendet; in den Tunneleinfahrten wurde sie einfach etwas höher gehängt und dann, weiter im Inneren des Tunnels, weggelassen. Auf Grund der detaillierten Planung, wegen der bereits gewonnenen Erfahrung und dank der Tatsa-

Anlagen-Steckbrief	
Nenngröße:	**H0**
Baumaßstab:	**1:87**
Anlagengröße:	**3,5 x 5,0 m**
Thema:	**Paradestrecke mit Bahnhof, Betriebswerk und vielen Rangiermöglichkeiten**
Rollmaterial:	**verschiedene**
Gleismaterial:	**Roco-Line**
Epoche:	**III**

che, daß die meisten Gebäude bereits vorhanden waren, ging der Aufbau – jeweils nach Feierabend – „wie das Brezelbacken", so daß die Anlage nach einem Jahr fahrbereit war.

Bei der Ausgestaltung des Geländes (mit Drahtgitter und Gips) und beim inszenieren von lebensechten Szenen war nun wieder Tochter Salm „federführend": Eine Frau treibt im Schrebergarten ihren Ehemann zum Schieben des Schubkarrens an, ein Förster im Wald tritt vor seine Hütte, die Polizei hält einen Raser im Sportwagen an, Kinder spielen auf dem Spielplatz am Rundlauf, zwei jugendliche Mofafahrer schauen den Arbeitern beim Kohleschippen zu. – Das alltägliche, zum Glück eher harmlose Epoche-III-Leben im Modell nachzuempfinden hat Tochter Salm viel Freude bereitet und ungeahnte gestalterische Gaben in ihr lebendig werden lassen.

Blick in Längsrichtung über den fünfgleisigen Bahnhof; durch die weit in den Bogen verlegten Weichen ergeben sich große nutzbare Gleislängen!

Landschaftsgestaltung gehörte zum Aufgabengebiet der Tochter, so dass Eisenbahn und Landschaft in ausgewogenem Verhältnis stehen.

H0

1:87

16,5 mm

Müsch im Ahrtal

Fotos: Martin Knaden

Mit einem Pferdefuhrwerk werden Säcke abtransportiert. Da zurzeit das Anschlussgleis der Fabrik neu verlegt wird, müssen die guten, alten Hafermotoren noch mal ran.

Mit 14 Jahren erhielt Hans Louvet eine Modellbahn geschenkt, die für viele Jahre Spaß bringen sollte. Auf verschiedenen Ausstellungen sammelte er Anregungen von Anlagen „im englischen Stil“: „Ich wollte mir eine kleine Anlage bauen, bei der ich so viel wie möglich Techniken üben und ausprobieren konnte.“ Aus diesem Versuch ist schließlich der Bahnhof Müsch entstanden. Sein Vorbild dafür war ein Diorama aus dem Eisenbahn-Journal 4/1988. Das Empfangsgebäude hatte ihm gefallen; jedoch wollte er nicht eine naturgetreue Kopie des ganzen Bahnhofs bauen. Das EG bot ihm jedoch die Möglichkeit auf verschiedene Arten Wände herzustellen: Ziegel, Putz, Mauerwerk und Fachwerk sind die vielfältigen architektonischen Formen. Die Dächer waren auch auf verschiedene Weisen angefertigt.

Der Abort ist in einem separaten Gebäude untergebracht. Man beachte die sehr feinen Gitter.

Nach wenigen Minuten Aufenthalt setzt der Zug seine Reise nach Remagen fort.

Obwohl Müsch kein Endbahnhof war, hat Hans Louvet ihn als solchen gebaut. Die Gleise sind auf Holzschwellen verlegt und (teilweise) mit Nägeln von Micro-Engineering (USA) vernagelt. Die Weichen baute er nach Zeichnungen der Niederländischen Eisenbahnen (Weichen 1:9; Vmax 40 km/h). Betätigt werden sie durch Roco-Line-Antriebe mit Weichenlaternen. Dies funktioniert schon seit zwei Jahren. Die Gleisprofile stammen von Pilz (Tillig) und haben sich bestens bewährt.

86 005 hat mit einer Donnerbüchsen-Garnitur Einfahrt in Müsch. Der Wald entstand kostengünstig im Selbstbau.

Selbstbau der Gebäude

Es wird oft gesagt, dass unser Hobby teuer ist. Hans Louvet denkt das nicht: „Viele preiswerte Materialien lassen sich einsetzen. Die Gebäude auf meinem Bahnhofsdiorama sind alle selbst gebaut. Das EG entstand z. B. aus Depafit.“ Die Kopie einer Zeichnung wurde aufgeklebt und anschließend ließen sich Fenster und Türen leicht ausschneiden. Ziemlich zeitaufwändig ist die Fertigung von Fenstern. „Ich habe sie mit Profilen von Evergreen und Slaters gebaut. Unser Modellbauteam hat während der Intermodellbau oft bemerkt, dass Besucher dieses Material nicht kennen! Hier sollten die Fachgeschäfte in

Nach einem Straßenübergang passiert sie die markante Fabrik, die zwar nie im wirklichen Müsch stand, aber umso mehr diesen (Modell)-Bahnhof prägt.

Deutschland eine Bedarfslücke füllen. Mit diesen feinen Profilen ist es möglich, alle gewünschten Fenster zu machen.“ Spezialkleber ist bei Slaters erhältlich, dieser löst das Material leicht auf. Auch Verdünner für Kontaktkleber ist dazu geeignet, wenn man immer gut lüftet.

Fachwerk wird aus Umleimer-Furnierholz gemacht. Auf der Rückseite ist ein Leim angebracht, der mit einem Bügeleisen flüssig wird.

Verputzte Wände sind aus Gips mit Sandsteinstaub (Mergelstoff) nachgebildet. Ziegelwände und Dächer bestehen aus bedruckter und geprägter Pappe. Das Mauerwerk wurde aus Mauerplatten von Slaters gemacht.

Oben: Bei der Ausfahrt passiert die 86 den Schuppen von Müsch – gleichfalls eine (gelungene) Zutat des Erbauers zu diesem Bahnhof.

Die schon erwähnten Gleisbauarbeiten am Ladegleis der Fabrik. Durch die Verwendung von Selbstbaugleis ist es einfach, eine Gleisbaustelle ohne Kleineisen darzustellen.

An der Laderampe müssen noch einige Kisten verladen werden, bevor die Fahrt beginnen kann. Die Holzladung auf dem Rungenwagen wird sicher nicht in Konflikt mit dem Lademaß kommen …

Hier wird gerade Glaskasten 98 304 auf seine nächste Fahrt vorbereitet.

Nach dem Auffüllen der Kohlenvorräte geht es vorbei am Empfangsgebäude zu einer kurzen Güterwagengarnitur.

Diese Styreen-Platten wurden mit einer sehr genauen und maßstabsgerechten Mauerstruktur durch mühsames Ritzen versehen.

Wichtig sind Bäume. Hans Louvet hat verschiedene Techniken benutzt. In Rundhölzer (2 und 4 mm) wurden Löcher gebohrt, Eisendraht gesteckt und verdrillt. Nach dem Bemalen mit mattem Braun war der Rohbaum schon fertig. Zur Beflockung diente Hekiflor, das mit Heki-Foliage-Kleber befestigt wurde. Einige Bäume sind mit Woodland-Foliage-Cluster versehen. Auch das ergab ein gutes Resultat.

Ebenso wichtig sind auch die Sträucher und das Gras. Die Basis ist eine

In Müsch finden häufig Zugkreuzungen statt. Hier begegnet ein Güterzug einem CvT mit Beiwagen. Derweil lassen sich die Kaninchen nicht stören.

Nachdem der CvT den Bahnübergang Richtung Ahrdorf verlassen hat, kehrt Ruhe in den beschaulichen Bahnhof ein.

Untertapete, die verklebt wurde. Nach dem Trocknen des Klebers wurde der Unterteppich wieder abgerissen. Resultat: kleine Fasern, die sehr schön hochstehen. Die Farbe ist dann Grau-Graubraun. Mit der Spritzpistole wird etwas Grün aufgebracht. Turf, Coarse Turf und Foliage Clusters von Woodland sowie verschiedene Produkte von Busch und Heki wurden weiter benutzt um Höhenunterschiede zu bekommen.

Wenn man auf einem Bahnhof steht, sieht man ihn nie ganz, sondern nur Details. Schöne Blumen, ein Junge und ein Mädchen, die sich verabschieden usw. Es ist wichtig, dass eine Anlage dieselbe Wirkung erreicht: Besucher sollen so bald wie möglich fasziniert werden durch Details. „Deshalb habe ich in meiner Anlage viele Details eingearbeitet. Wenn Besucher diese sehen, suchen sie weiter und das Gesamtbild der Modelleisenbahn ist verschwunden; die Besucher sind Entdecker geworden“, plaudert Hans Louvet.

„Viewblocks“ ist ein Gedanke aus England. Hans Louvet sorgte dafür, dass das, was ein Besucher mit einem Blick sieht, eingeschränkt wird, z. B. durch Bäume. So wird eine Anlage von kaum 3,5 Metern aufgeteilt in mehrere Betrachtungsmotive und somit optisch länger. Wichtig für eine gute Präsentation ist die Beleuchtung. Egal, welche Lampen man benutzt, die Anlage gewinnt an Attraktivität.

Anlagen-Steckbrief

Nenngröße:	**H0**
Baumaßstab:	**1:87**
Anlagengröße:	**3,5 x 0,9 m**
Thema:	**Bahnhof Müsch im Ahrtal**
Rollmaterial:	**Weinert, Roco, Fleischmann, Piko, Trix**
Gleismaterial:	**Selbstbau auf Pilz-Basis**
Epoche:	**III**

Mit dem Salonwagenzug durch den Winter

2m

1:22,5

45 mm

Fotos: Herbert H. Weiss

Über Viadukte vorbei an spärlich bewachsenen Geröllfeldern geht es über den Hangviadukt dem Ziel entgegen. Wohl dem, der in einem Salonwagen die Fahrt genießen darf.

Ob im Original bei der RhB oder im Maßstab 1:22,5 – der Bahnbetrieb zur Winterzeit hat seine eigenen Reize. Einziger Nachteil beim Betrieb der LGB unter freiem Himmel im Winter sind die etwas ungemütlichen Temperaturen. Dafür wird man aber mit Erlebnissen der besonderen Art versöhnt.

Selten werden beim Vorbild die Salonwagen in fahrplanmäßige Züge eingereiht. Meist sind sie nur am Wochenende eingesetzt, um die Verkehrsspitzen in den Griff zu bekommen, ansonsten findet man die Salonwagen nur in Sonderzügen. Wohl dem, der schon eine Fahrt in den gediegen ausgestatteten Waggons erleben durfte. Sie sind früher vorwiegend für gekrönte Häupter oder anspruchsvollere Kundschaft wie Louis Armstrong oder Herbert von Karajan eingesetzt worden. Viele Menschen unserer Zeit erleben bei einer Reise in den Salonwagen eine Gegenwelt zu ihrem Alltag. Welch ein Erlebnis, in einem mit schwerem Veloursstoff überzogenen Polstersessel zu sitzen, umgeben von nußbaumgetäfelten Wänden und warm schimmernden, aus massivem Messing gefertigten Lampen, Ablagen und Griffen, ein Glas mit einem guten Roten in der Hand, und vor dem Fenster die hinreißende Bündner Landschaft vorbeiziehen zu sehen.

Immer wieder spannend: Schafft es die Schublokomotive den Schneepflug durch den Schnee zu schieben oder ist Verstärkung erforderlich?

Unten: Zwei kleine Zahnstangen-Elloks machen sich mit dem Schneepflug im Bahnhof nützlich um ihn von Schneemassen zu befreien.

Oben: Weniger problematisch, aber dennoch stimmungsvoll, wenn nur wenig Schnee von den Schienen geräumt werden muss.

All dies, oder mehr in Ihrer Fantasie, kann man Revue passieren lassen, wenn der Salonwagenzug im Maßstab 1:22,5 durch die verschneite Winterlandschaft fährt – wie auf dieser Freilandanlage von Herbert H. Weiss.

Dass zuvor wie beim Vorbild kräftig Schnee geräumt werden muss, versteht sich dabei ja fast von selbst. Jetzt zeigt sich wieder der Vorteil der großen Nenngröße: Vorbildgetreu schafft ein Klima-Schneepflug in dem hohen Schnee eine Gasse für den Modellzug. – Und weil das selbst für die LGB riesige Schneemassen sind, benötigt man hin und wieder zwei kräftige Lokomotiven um den Schneepflug räumenderweise durch die Schneedecke zu schieben. Der auf den Abbildungen eingesetzte Schneepflug entstand in Eigenbau. Für das Bedienpersonal wurde der besseren Übersicht halber eine Kanzel von einem amerikanischen Caboose montiert. Nach erfolgreicher Räumarbeit kann der Salonwagenzug, gezogen von einem rhätischen Krokodil, auf die Reise durch eine verträumte Winterlandschaft gehen.

Bei klirrender Kälte sind solche stimmungsvollen Aufnahmen im Licht der untergehenden Sonne besonders schwierig. Bei ausreichender Helligkeit muss das Motiv eingestellt werden. Wenn dann die Lichtverhältnisse stimmen, muss die Verschlusszeit von Hand ausgelöst werden. Dabei passiert es schon, dass die Kamera einfriert und erst am nächsten Tag der „Schnappschuss“ wiederholt werden kann.

Bevor der Salonwagenzug seine Fahrt fortsetzen kann, muss der Schneepflug erst den Schienenweg frei räumen. Zwei starke LGB-Lokomotiven schieben den Schneepflug durch die Schneemassen. Auch wenn der Räumzug nicht stilrein ist, ein besonderes Erlebnis ist es allemal.

Vorbildgetreu arbeitet sich der Zug durch frei geschobene Schneegassen seinem Ziel entgegen. Die langen Salonwagen haben in den Kurven schon ein wenig Überhang, auch wenn es die großen Radien von LGB sind, die es zu beachten gilt. Problematisch bei Räumaktionen mit dem Schneepflug, wenn dessen Räumschild nicht breit genug ist.

Anlagen-Steckbrief

Nenngröße:	2m
Baumaßstab:	1:22,5
Anlagengröße:	ca. 500 qm
Thema:	Rhätische Bahn
Rollmaterial:	LGB, Kleinserie und Eigenbau
Gleismaterial:	Kleinserie (Scheba)
Epoche:	IV

H0

1:87

16,5 mm

Rundherum und in den „Schatten“

Fotos und Zeichnungen: Dieter Baumbach

Der große Durchgangsbahnhof beherrscht einen Anlagenschenkel. Bevor die Strecke im Untergrund verschwindet, umrundet sie den ganzen Raum und führt dabei auch hinter dem Bahnhof vorbei.

„Viel Fahrbetrieb und keine Automatik!“ Das waren die wichtigsten Forderungen von Dieter Baumbach an seine Anlage, deren doppelgleisige Hauptstrecke wie ein Hundeknochen zwischen zwei Kehrschleifen geführt ist. Dazwischen liegen Bahnhof und Bw. – Eine genaue Wiedergabe der Bundesbahn war nicht geplant. Festgelegte Betriebsabläufe gibt es nicht, alles ist Spiel! Kurz gesagt, es ist auf der Anlage ein Durchgangsbahnhof an zweigleisiger, elektrifizierter Strecke mit Bw für Lokwechsel dargestellt, dazu eine abzweigende Nebenbahn, alles nach dem Hundeknochenprinzip.

Etwas Rangierbetrieb ist möglich, aber für einen richtigen Güterbahnhof blieb kein Platz übrig. Die sichtbare Strecke ist ca. 10 m lang, wobei von einer maximalen Zuglänge von 240 cm (das entspricht 7 unverkürzten Schnellzugwagen) auszugehen ist. Der Durchgangsbahnhof liegt Platz sparend in einer leichten Kurve. Nach der Umstellung auf maßstäblich lange 1:87-Wagen funktioniert der Lokwechsel allerdings nur noch bedingt! Die Fleischmann-Entkuppler beispielsweise drücken teilweise unter die Loks oder sie sind für Lok-Magnete zu hoch. Als einzige Kurzkupplung ist hier Rocos „40351“ einigermaßen verlässlich. Auch brachte die Umstellung viele Umbauten mit sich, so z. B. in den doppelgleisigen Wendeln, an Signalen, Oberleitungen, Bahnsteigen und Tunnels.

Unterhalb des großen Bahnhofs zeigt sich die rundum führende Strecke noch einmal in Form einer Paradestrecke.

Bei Gleisarbeiten wird dieser Skl eingesetzt, was die Gestaltung einer kleinen Szene ermöglicht.

Lebendig geht es auf dem Bahnsteig zu. Vielleicht liegt das daran, dass die H0-Menschen gern in Abteilwagen reisen?

Gefahren wird mit allen Fabrikaten im Gleichstromsystem. Meist fährt nur ein einziger Zug. In verdeckten Bereichen spielt sich der Fahrbetrieb nach Gehör ab. Über die Nutzungsjahre haben sich bei mir Fleischmann-Loks am besten gehalten, Hamo dagegen am schlechtesten.

Jeder Zug hat „sein" Abstellgleis – wobei die Loks freizügig gewechselt werden können. Bedient wird von Hand über vier Stellpulte (aufklappbar) mit Handregelung. Es gibt keine Automatik, außer Weichenrückstellung mit Rückmeldung in den Schattenbahnhöfen.

Trotz vieler Stromkreise, Kennzeichnung jedes Kabels in Bestandsplänen und „sorgfältiger" Ausführung (allein vom kleinen Schaltpult „Altburg" gehen ca. 120 Kabel zur Anlage) sind Störungen nicht immer einfach zu finden. Man denke nur an schlechte Kontakte an Klemm- und Lötstellen, kontaktarme Schienenverbinder an Flexgleisen (z. B. in der Wendel!), an das Arbeiten des Holzunterbaues, besonders zu Beginn und am Ende der Heizperiode.

Im Anlagenteil „Altburg" ist eine Faller-Car-Straße in Form eines Hundeknochens eingebaut, mit Stoppstellen, Abzweigen und beiderseitigen Warteplätzen. Die Straßenfahrzeuge fahren für Dieter Baumbachs Geschmack allerdings etwas zu schnell, Abzweige und Stoppstellen arbeiten bis jetzt nicht zuverlässig. Allein schon der Bahnübergang machte ihm

Der romantische Nebenbahnteil im Überblick. Der Schienenbus dient dem Touristik- und Personennahverkehr.

viele Schwierigkeiten im Zusammenspiel zwischen Bahn und Straße.

Anlagenbau

Die Abmessungen der Rundum-Anlage sind 480 x 285 cm, die Schenkel sind jeweils 100 cm tief. Der Bediengang ist ca. 80 cm breit, allerdings noch durch Schaltpulte eingeengt. Für einen zweiten Bediener oder auch für Zuschauer bleibt kaum Platz. Im Türbereich existiert ein herausnehmbares Geländeteil, das leider als Rechteck ausgeführt ist. Trapezform wäre besser gewesen. Im Normalfall erfolgt der Zugang zum Innenraum der Anlage in der Hocke bzw. auf allen vieren. Bei Baubeginn gab es zwar eine Planung für den Bahnhof und die Schattenbahnhöfe, alles andere wurde in der langen Bauzeit immer nur nach und nach gebaut, sodass heute nicht alles zusammenpasst. Leider wurde 1975 versäumt in Segmenten zu bauen – heute würde vieles oder sogar alles ganz anders gemacht!

Die Bahnhofsebene (+ 90) hat sich aus der Lage der Schattenbahnhöfe ergeben und ist für normal große Betrachter gut überschaubar. Außerdem kann der Betreiber bei dieser Höhe noch von Hand eingreifen. Der Haltepunkt „Altburg" ist mit einer Höhe von +119 gerade noch einzusehen, was besonders beim Rangieren doch schon ins Gewicht fällt.

Das Teilstück mit der Flusslandschaft liegt auf + 65 cm und wirkt optisch bereits als „Vogelperspektive". In den Schattenbahnhöfen A1 und A2 liegen die zu stellenden Weichen an der Wand, d.h. 100 cm vom Bediengang entfernt, und ausgerechnet hier hakt es öfter! Die Anlagentiefe ergibt sich aus dem Radius 42 cm, ist aber für Eingriffe zu groß,

Die Epochen 3 und 4 geben sich an den Behandlungsanlagen, auf der Drehscheibe und in den Lokschuppen ein Stelldichein.

zumal die lichte Höhe über den Gleisen (A1) mit 35 cm zu gering ist – eine Windung mehr bei der Gleiswendel wäre besser gewesen. Die Holzkonstruktion des Unterbaus besteht aus gehobelten Leisten 4 x 6 cm, sowie Span-, Tischler- und Sperrholzplatten (z. T. mit Alu-Profilen verstärkt). Alle Holzteile erhielten einen Anstrich gegen Feuchtigkeitsaufnahme aus der Luft.

Das Gelände wurde aus Styropor bzw. Styrodur (Letzteres ist druckfester) aufgebaut, dieses Material ist schwer entflammbar. Zur weiteren Oberflächengestaltung verwendete Dieter Baumbach Geländematten, Flocken und Streufasern. Das Innere des Anlagenteils „Altburg" ist nur durch Aufklappen (Klavierband) zugänglich. Durch die (steigungsbedingt) geringe Bauhöhe von 12 cm ist das Ganze nicht verwindungssteif, sodass es nur im Notfall bewegt wird.

Neben dem Ringlokschuppen existiert auch ein zweiständiger Lokschuppen mit rechteckigem Grundriss.

Am Wasserturm des Bw wird gebaut, eine der vielen belebenden Szenen (S. 68, unten).

Vom Durchgang aus in Längsrichtung aufgenommen: das umfangreiche Bahnbetriebswerk (rechts).

Ein „Abschiedsbild" vom großen Bahnhof. Im Hintergrund, unterhalb der Burg, ist ein Ausschnitt der Nebenbahn zu erkennen.

Das herausnehmbare Geländeteil im Türbereich ist in Rechteckform ausgeführt – trapezförmig wäre besser gewesen. Ein Foto-Hintergrund fehlt noch.

Anlagen-Steckbrief

Nenngröße:	**H0**
Baumaßstab:	**1:87**
Anlagengröße:	**4,80 x 2,85 m**
Thema:	**Durchgangsbahnhof an zweigleisiger elektrifizierter Strecke mit abzweigender Nebenbahn**
Rollmaterial:	**alle Hersteller**
Gleismaterial:	**Fleischmann**
Epoche:	**III**

Wir kehren wieder zum Ausgangspunkt der „Anlagenbereisung“ zurück: Der große Durchgangsbahnhof umfasst zwar genügend Bahnsteig- und Abstellgleise, für eine Ortsgüteranlage war allerdings kein Platz mehr.

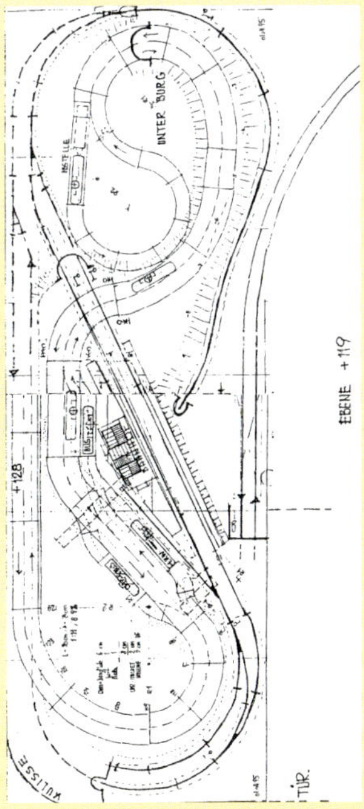

Oben der sichtbare linke Anlagenteil mit Nebenbahn und Faller-Car-Straße. Darunter ist noch eine Kehrschleife angeordnet.

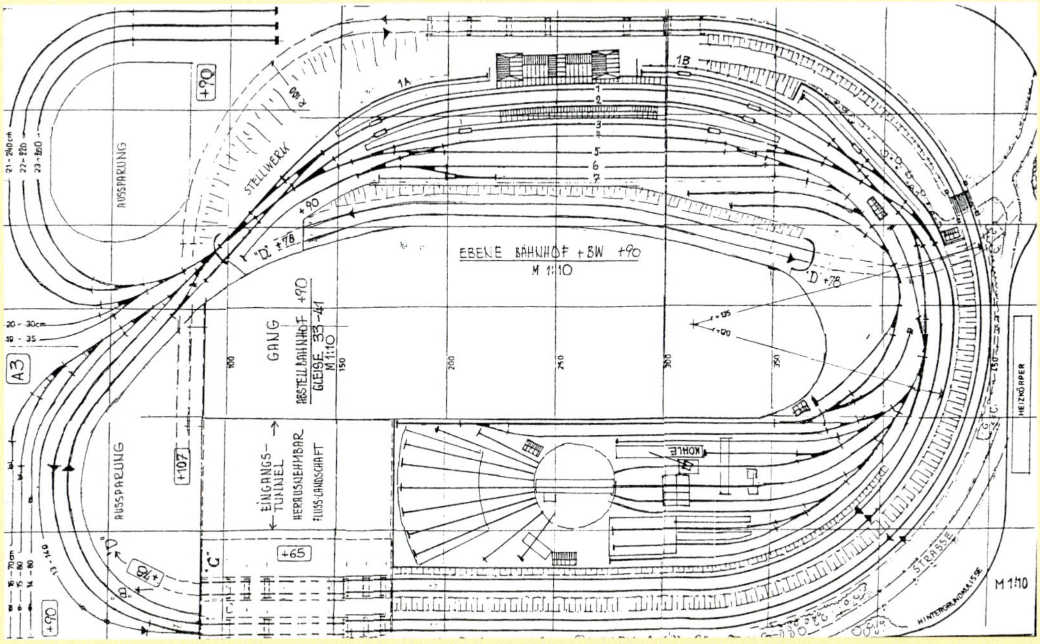

Anlagenplan der Rundum-Anlage im ungefähren Zeichnungsmaßstab 1:35. Dargestellt ist die Hauptebene mit Bahnhof und Betriebswerk, die Nebenstrecke auf dem linken Anlagenteil ist hier nicht mit eingetragen – sie liegt eine Ebene höher und überdeckt die dort eingezeichneten Abstellgleise. Unter dem Bahnhof und dem Bw liegen die beiden verdeckten Abstellbahnhöfe mit 14 bzw. 18 Gleisen. Die Schattenbahnhöfe sind durch zwei Gleiswendeln mit den „oberirdischen“ Streckenteilen verbunden.

H0

1:87

16,5 mm

Die Talegg-Gürgaletsch-Bahn

Als Andreas Schlauch vor neunzehn Jahren mit dem Bau seiner Modellanlage begann, dachte er in keiner Weise an eine eigene Privatbahn, ja nicht einmal eine Nebenbahn stand zur Diskussion. Auf den damals zur Verfügung stehenden acht Quadratmetern sollte vielmehr eine Hauptstrecke mit geschlossenem Kreisverkehr entstehen. Doch es kam anders: Im Laufe der Bauzeit entstanden drei Stationen, die die Modellbahnphilosophie des Erbauers entscheidend verändert haben.

Im Sommer 1981 kaufte er sich zum ersten Mal eine Ausgabe des amerikanischen „Model Railroader". Obwohl er damals kein Englisch verstand, konnte aus den zahlreichen Bildern viel für die eigene Anlage entnommen werden. Besonders für die Landschaftsgestaltung und Farbgebung wurden Maßstäbe gesetzt.

Der zweite entscheidende Einfluss war ein ausgezeichneter Artikel über den vorbildgerechten Fahrbetrieb auf Modellbahnen. Dieser Artikel bewirkte, dass die bestehenden Gleisanlagen abgebrochen und das Thema der Anlage neu definiert wurden. Ein

Fotos: Daniel Wietlisbach

Die Stausee-Baustelle von Gürgaletsch bekommt einen Magirus-Lkw. Die Em 3/3 (ex DB V 36) rangiert Zementwagen.

Eben werden im Bahnhof von Talegg noch letzte Stückgüter in den Gepäckwagen verladen.

Vom TGB-Kondukteur beobachtet: Pensionäre beim Brettspiel auf dem Bahnhofsplatz.

kleiner Teil der ehemaligen Hauptstrecke blieb bestehen, dafür wurde mit dem Aufbau einer Nebenlinie, die in einem Kopfbahnhof enden sollte, begonnen. Somit fahren die Züge nicht mehr sinnlos im Kreis herum, sondern erschließen Ortschaften, befördern Güter, sind aufgabenbezogen. Schließlich reifte der Entschluss, nach dem Vorbild von John Allen eine eigene Privatbahn aufzubauen.

Warum eine eigene Privatbahn?

Wenn Andreas Schlauch von der Faszination Eisenbahn spricht, meint er damit nicht nur die technische Seite, sondern im Gegenteil die eindrückliche, unbeschreibliche Atmosphäre, welche gewisse Bahnen ausstrahlen. Dabei muß er zugeben, dass ihn die heutigen SBB mit ihren zum Teil sterilen Bahnhöfen und ihrem mitunter fantasielos gestalteten und lackierten Rollmaterial nicht mehr zu begeistern vermögen. Auch Typenskizzen und ausgeklügelte Signalanlagen lassen ihn kalt ... Denn: „Was die Eisenbahn betrifft, bin ich ein Romantiker." Um so mehr begeistern ihn die kleinen Nebenbahnen mit ihren verträumten Bahnhöfen und ihrem stark verwitterten Rollmaterial, das beeindruckende Spuren des harten Einsatzes zeigt. So orientiert sich die Anlage denn auch an den vielen kleinen Schweizer Nebenbahnen, von denen sich der Erbauer inspirieren ließ.

„Das Schönste am Hobby ist für mich die Möglichkeit, selber kreativ zu sein. Hier hat man die Möglichkeit, seine ganze Fantasie zu entfalten." So kam es immer wieder vor, dass im Übereifer der Gestaltungsfreude die Vorbildtreue zweitrangig wurde, dies vor allem bei der Landschaftsgestaltung. Ein weiterer Schritt beim Versuch die Persönlichkeit irgendwie in das Modell einzubeziehen, wurde im Konzept für eine private Privatbahn gefunden. Mit dieser neuen Idee der Modellbahn wird schnell einmal konfrontiert, wer sich mit amerikanischen Zeitschriften auseinander setzt und sich für das amerikanische Vorbild begeistern kann. Der eigentliche Entschluss zur „Privatisierung" wurde nach dem Studium des Buches „Model Railroading with John Allen" gefasst. Dort zeigt sich, wie überwältigend es sein kann, wenn eigene Ideen gekonnt umgesetzt werden.

In den oberen Etagen des Aufnahmegebäudes von Talegg befinden sich die Verwaltungsbüros der TGB.

Liebevoll gestaltete Unordnung bei der Hauptwerkstätte

TGB-Zugbegegnung in Heuwinkel.

Ein weiteres kurioses Gefährt vor der Hauptwerkstätte

Die Talegg-Gürgaletsch-Bahn

Zeitlich wurden für die Modellbahn die späten Fünfzigerjahre gewählt. Damals spielte die Eisenbahn im regionalen Güter- und Personenverkehr noch eine zentrale Rolle, sodass sich auf einer Anlage ein abwechslungsreicher Bahnbetrieb nachvollziehen lässt. Talegg ist eine imaginäre Eisenbahnstation an der Strecke Zürich–Chur. Von hier aus zweigt eine Privatbahn ab, die sich ihren Weg durch scheinbar unüberwindbare Gebirgsschluchten zu einem aufblühenden Kurort bahnt. In der Talsohle rund um den Bahnhof finden sich einige gute Kunden der Bahn: Da ist eine größere Möbelfabrik, welche das Holz für ihre Tannen- und Arvenmöbel aus dem Einzugsgebiet der Privatbahn bezieht und ihre Erzeugnisse per Bahn ins Unterland liefert. Eine kleine Destillerie verarbeitet Kräuter und Beeren aus dem Berggebiet sowie dem Unterland zu bekannten „Schnäpsen" und Likören. Im Weiteren verarbeitet eine Steinbearbeitungsfabrik Granit, der aus der Umgebung von Gürgaletsch stammt, zu Tischplatten und Brunnentrögen.

In Talegg steht auf Gleis 3 ein Güterzug mit Personenbeförderung zur Abfahrt bereit. Die Be 4/4 und der Personenwagen tragen das typisch gelb-grüne Farbkleid der TGB. Hinter dem Personenwagen befindet sich ein Niederbordwagen, auf den eine neue Maschine für die Schreinerei der

Möbelfabrik in Gürgaletsch geladen ist. Es folgen zwei gedeckte Güterwagen, von denen der eine mit drei Rindern, der andere mit Stückgut beladen ist.

Im Bahnhof herrscht emsiges Treiben. Eine Em 3/3, eine von der DB gekaufte V 36, rangiert Zementsilowagen, die später in einem Blockzug den Baustoff nach Gürgaletsch zu einer Stauseebaustelle bringen. In der Hauptwerkstätte der TGB wird die alte Motordraisine auf Herz und Nieren geprüft. Nachdem die Wagen des bereitgestellten Zuges gewogen und durchs Lademaß gezogen worden sind, setzt sich die Komposition in Bewegung.

Bald überfährt der Zug die unterste Brücke einer gewaltigen Schlucht. Etwas oberhalb der Gleise erkennt man ein zerfallenes Raubritternest; eine Sage erzählt, dass die bösen Geister dieser Ritter noch heute in dieser Schlucht ihr Unwesen treiben – es vergehe kein Jahr, ohne dass sich in dieser „Teufelsküche“ genannten Schlucht nicht irgendein Unglück ereignet ... Nach einer zur Hälfte im Tunnel gelegenen Schleife tritt der Zug wieder ans Tageslicht. Auf einer Steinbrücke überquert er hier im Finstertobel einen donnernden Wildbach um alsbald gleich wieder in einen kurzen Tunnel einzufahren. Dann überquert er ein weiteres Mal auf der mittleren Weißbachbrücke die „Teufelsküche“. Unter der Brücke erkennt man eine Autostraße, welche

Für Rangierarbeiten hat die finanziell nicht eben auf Rosen gebettete TGB eine alte V 36 von der DB erworben. In drei Stufen überwindet die TGB die Teufelsküche-Schlucht (rechte Seite).

die Station Talegg mit der gleichnamigen Ortschaft verbindet. Nach einem tiefen Einschnitt verschwindet der Zug im Hardertunnel.

Dann erreicht er die Station Heuwinkel, die zwischen hohen, tief zerklüfteten Felswänden liegt. Hier befindet sich die einzige Ausweichstation der ganzen Strecke. Fahrplanmäßig kreuzt unser Zug hier mit einem Leerzug aus Zementsilowagen. In Heuwinkel befindet sich ein Bahnanschluss zu einem unterirdischen Tanklager der Armee, so sind auf dieser Strecke öfters auch Tankwagen im Einsatz. Das auf einer Anhöhe gelegene malerische Dorf und die Felswände in diesem Tal locken Touristen und Kletterer von weit her an. Mehrere Alpen, zum Beispiel die im Modell nachgebaute Milchbüttialp, sorgen mit Viehtransporten und ihren landwirtschaftlichen Erzeugnissen ebenfalls für regen Verkehr. Unserem Zug wird hier ein Rungenwagen beigestellt, dessen Holzlast für die Schreinerei in Gürgaletsch bestimmt ist. Gleich nach der Station verschwindet der Zug wieder im Berg. Ein zweites Mal hält der Zug an der unter einem mächtigen Bannwald gelegenen Station Gritschins. Dies ist eine Station mit Halt auf Verlangen und besitzt keine weiteren Gleisanlagen. Zwei Bahnarbeiter steigen aus um von hier aus einen Teil der Strecke zu kontrollieren.

Nach drei Windungen taucht er aus der kaltfeuchten Luft des Berginnern wieder ins Freie und fährt auf einer schmalen, in den Fels gesprengten Lehntrassierung Richtung Gürgaletsch. Das Pfeifen des Windes, das Tosen des tief unter der Trasse liegenden Flusses und das Quietschen der Räder vermischen sich zu einer wilden Geräuschorgie. Nach einem weiteren Tunnel fährt die Komposition an einem unter einem weit hervorragenden Felsvorsprung gelegenen Bahnwärterhaus vorbei, passiert eine Untermauerung, noch einen Tunnel und erreicht schlussendlich über eine große Stahlbrücke die Station Gürgaletsch. In diesem Kopfbahnhof herrscht vor der Kulisse imponierender Hotelbauten geschäftiges Treiben. Das Eisenbahnpersonal macht sich sogleich daran, die Güterwagen des Zuges zu verteilen und abzuladen, denn schon bald trifft der „Silberdistel-Express" direkt aus Chur ein, um erholungsbedürftige Touristen nach Gürgaletsch zu bringen.

Die Eisenbahnatmosphäre, wie sie hier geschildert ist, weiß zu begeistern: Eine Bahn, deren Organisation und Aufgabe klar erkennbar ist, eine Strecke, die sich harmonisch in die Landschaft einfügt, und ein kräftiger Schuss Romantik sind die Merkmale, die in dieser Modellbahn gelungen vereint wurden.

Das Entstehen

Die Baumethoden für Landschaftsformen mussten zügiges Arbeiten gewährleisten, denn wenn eine Idee und die Lust zur Realisierung auftauchte, sollte sofort mit der Gestaltung begonnen werden können. Im Weiteren stellt ein Gelände mit Übergängen, Verwinkelungen und großer Höhenstaffelung besondere Anforderungen an den Landschaftsunterbau. So wurden eigene Techniken erarbei-

SILBERDISTELEXPRESS
SILBERDISTELEXPRESS
TGB

tet, die der Art des Bauens bestens dienten.

Als wichtigste Landschafts-Stützen wurden Gewindestangen, welche die Gleistrassen tragen, verwendet. Der Unterbau wurde mit in dünnflüssiger Spachtelmasse getränkten Tüchern bedeckt. Unter die Tücher wurden nach Wunsch Styroporstücke gelegt um die Geländestruktur zu verändern. Weil die Gleisanlagen abgedeckt und die elektrischen Anschlüsse sauber verdrahtet und verkleidet waren, bildete die herabtropfende Spachtelmasse keine Probleme. Nachdem der Überzug gut getrocknet war, hatte sich eine feste Gipstuchschale gebildet.

Es braucht viel Vorstellungskraft um auf einer freien Fläche eine Landschaft zu formen, die eine gewünschte Atmosphäre ausstrahlt und den Anschein erweckt, die Bahnlinie sei wirklich in den bestehenden Berg gebaut worden. So war es (trotz Vorlagen mit eigenen Skizzen und Fotos, Kleinst-Kontroll-Modellen, Fotobüchern) nie gelungen, gleich zu Beginn den erwünschten Effekt zu erzielen. Die beschriebene Aufbauprozedur wiederholte sich auf der ersten festen Schale bis zu dreimal, bis die Form zufrieden stellend war. Auch mussten bereits erstellte Partien wieder abgerissen und neu gebaut werden. Als Folge der Verwinkelung und Höhenstaffelung mussten sieben große Teile in der gleichen Art außerhalb der Anlage angefertigt und dann in die Szenerie eingefügt werden.

Boden und Vegetation

Wer amerikanische Anlagen genauer studiert, stellt fest, dass das großzügige Verwenden von Erde, Sand und feinem Gestein viel zum realistischen Aussehen beiträgt. Auf der TGB-Anla-

Güteranlagen und senkrechte Felswände prägen den rechten Anlagenteil der TGB. In der FAMOLA (Fabrik moderner Lagereinrichtungen) werden Möbel aus Holz aus dem Einzugsgebiet der TGB hergestellt.

Das gelbe Postauto stellt die Verbindung vom Bahnhof zum Dorf Talegg sicher.

Anlagen-Steckbrief

Nenngröße:	H0
Baumaßstab:	1:87
Anlagengröße:	2,0 x 4,0 m, Höhe max. 1,8 m
Thema:	SBB: ab Talegg unterirdisch geschlossener Kreis und Kehrschleife; TGB: ab Talegg Stichlinie nach Gürgaletsch mit Kreuzungsmöglichkeit im Bf Heuwinkel
Rollmaterial:	Märklin
Gleismaterial:	Märklin K-Gleis
Epoche:	III

ge wurden diese Materialien zwischen die Felsen und auf den Boden gestreut und mit verdünntem Acryldispersionsbinder fixiert.

Eine der wichtigsten Anschaffungen an Arbeitsgeräten war eine komplette Farbspritzanlage. Durch das verschiedene Verdünnen und Übereinanderspritzen von Farben ließen sich feine Farbtöne und Farbübergänge verwirklichen.

Da die L-förmige Anlage nur von einer Seite her betrachtet wird, konnten zum Erreichen der geplanten Atmosphäre im Hintergrund hohe Schneeberge nachgebildet werden. Um Distanz vorzutäuschen wurden Felsen blasser, Bäume grün-blauschwarz und allgemein alle Farben monotoner und schwächer angelegt. Bei der Verwitterung wurde anfänglich der Fehler gemacht, mit der Spritzpistole alles einfach einzunebeln. Doch erst nach den Versuchen, ganz bestimmten Schmutz wie Öl oder Rostspuren zu imitieren, wirkte die Patina realistisch. Je akribischer verwittert wurde, umso überzeugender wurde das Ergebnis. Vor allem Plakat- und Ölfarben, aber auch in Wasser gelöste Erde oder Ton ergaben interessante Schmutzspuren.

Schlussbetrachtungen

Der Erbauer fühlt sich hauptsächlich zum eisenbahnbezogenen Szeneriebau hingezogen; deshalb wurde absichtlich nicht auf die Elektrik eingegangen. Es wurden denn auch nur gängige Industrieprodukte verwendet. Nicht allein die Vorbildtreue war das Ziel, sondern das Komponieren einer eigenen kleinen Welt, in welcher die Fantasie einen möglichst großen Freiraum genießt! Darin sieht der Erbauer letztlich auch den Sinn des hier umgesetzten Freelance-Gedankens.

0

1:43,5

33 mm

Raum ist in der kleinsten Hütte

Eher zufällig stolperte Peter Urban über die Spur 0: Als ehemaliger „Halbnuller“ und danach begeisterter N-Bahner wollte er eine alte Märklin- oder Fleischmann-Lok der klassischen Spurweite 0 mit ein oder zwei Wägelchen nur so zum Anschauen in den Wohnzimmerschrank stellen. Das ist ihm auch ziemlich schnell zu vernünftigen Preisen gelungen. Doch dann „begegnete“ er einer gebrauchten 94 aus der Produktion des Kleinserienherstellers Gebauer.

Sehr schnell erlebte Peter Urban, was die Faszination dieser edlen Spurweite ausmacht. Natürlich konnte die 94 nicht lange allein bleiben. Mittlerweile sind einige Lokomotiven und Wagen aus Messingbausätzen oder auch völlig frei gebaut, was noch vor einigen Jahren als unerreichbar erschien. Aber es ging, und es ging sogar recht gut. Ein großer Teil der Wagen besteht allerdings aus Kunststoff. Das hat zwei Gründe: Zum Ersten sind diese Wagen erheblich preiswerter als Messingfahrzeuge. Zum Zweiten lassen sich Kunststoffwagen sehr leicht verändern, umbauen und verfeinern. Vor allem die Wagen von EMA sind dazu bestens geeignet. Bei einem Messingwagen ist das praktisch unmöglich, allerdings auch nicht nötig.

Damit ist eines der Argumente, nämlich dass die Spur 0 zu teuer ist, widerlegt. Es gibt eine Fülle von preiswerten, fertigen Modellen oder Bausätzen für Lokomotiven, Wagen und Zubehör, die dem Interessierten den Einstieg oder den Umstieg in die Spur 0 leicht ermöglichen. Handarbeitsmodelle aus Messing sind auch in H0 teuer, aber Kunststoffmodelle tun es auch.

Als weiteres Argument gegen die Spur 0 wird immer der enorme Platzbedarf angeführt. Zugegeben, Peter Urbans erste beide Spur-0-Anlagen waren 17,5 Meter lang und wiesen Mindestradien von zwei Metern auf. Nun gibt es Lokomotiven wie die 41 oder die 28er D-Zug-Wagen von Fulgurex, die solche Radien verlangen.

Hätten Sie's gedacht, dass sich eine ausgewachsene Spur-0-Anlage in einer Gartenhütte unterbringen lässt? Für vollen Betrieb muss die Terrasse mitbenutzt werden (rechts).

Rechts unten: Eines der beiden Brückenmodule. Sie dienen zum Anschließen an eine Gastanlage.

Fotos: Peter Urban, Martin Knaden

Die Fulgurex-Wagen mussten sogar nachgearbeitet werden, damit sie diese Radien überhaupt bewältigten! Doch damals hatte der Erbauer einen Riesenraum zur Verfügung und zu allem Überfluss auf die Messingfetischisten gehört, die behaupteten, dass unter 2-Meter-Radius nichts liefe und dass er doch die Finger von dem „Plastikgelumpe" lassen solle. Heute weiß Peter Urban, dass es auch besser geht. Denn urplötzlich hatte er den Riesenplatz nicht mehr zur Verfügung und musste sich mit einer kleinen Gartenhütte zufrieden geben. – Die Faszination der Spur 0 ließ ihn nicht los, er wollte es irgendwie schaffen, auf einem Raum von 3,75 m x 2,95 m eine kleine, aber dennoch vollwertige 0-Regelspuranlage entstehen zu lassen. Sehr hilfreich war die Tatsache, dass die Gartenhütte zwei relativ große Türen hatte, die sich auf eine teils überdachte Terrasse mit den Maßen 3,75 x 3,25 m öffneten. Das Ergebnis zeigt überzeugend, dass auch das oben aufgeführte Platzargument nicht zieht. Spur 0 ist in der kleinsten Hütte möglich!

Teilweiser Umbau

Glücklicherweise war die zweite Anlage bereits modular aufgebaut. Einige Module wurden den verkleinerten Platzverhältnissen angepasst, einige mussten neu geschaffen werden. Gleise und Weichen der alten Anlage, allesamt von Roco, konnten ebenfalls übernommen werden, da noch nichts eingeschottert war. Die Anlage wurde als „U" in der Hütte gebaut. An jedem Ende des U entstand ein kleiner Bahnhof mit Rangiermöglichkeiten. Trotz der beengten Platzverhältnisse ließen sich immerhin noch Radien von 1,20 m unterbringen, die sogar von der 86 bewältigt werden, nachdem sie einigen Fahrwerksoperationen unterzogen worden waren. Die D-Zug-Wagen von Fulgurex müssen allerdings in der Vitrine bleiben. Die Drehscheibe erhielt eine neue Bühne mit 49 cm Länge. So passt die 41

ganz knapp auf die Drehbrücke, kann gewendet werden und vom Bw in den Bahnhof Marxzell und zurück fahren, so weit die geraden Gleise reichen. Peter Urban ist genügsam geworden! Brücken, aus Messingprofilen gelötet, gibt es auf der Anlage reichlich. Auch ein obligatorischer Tunnel ist vorhanden, wenn auch nur als Fragment mit einem Portal und einer 4 cm langen Tunnelröhre.

Narren- und kindersicher ist die Anlage mittlerweile auch dank einer digitalen Steuerung. Der Hinundherbetrieb hat wegen der kurzen Strecken nicht lange Spaß bereitet, deswegen wurde die Anlage bald durch Module erweitert, die durch beide Türen hindurch die Strecke auf die Terrasse fortführen und dort zu einem Oval vereinigen.

Reale Gleisanlagen oder Pläne habe Peter Urban nicht als Vorbild genommen, auch keine bestimmte Epoche. Seine Forderung war in dieser Hinsicht lediglich: Erlaubt ist alles, was gut aussieht, Spielspaß garantiert und nach Eisenbahn riecht. Vielleicht haben ihn die AVG (Albtalverkehrsgesellschaft) und die UEF (Ulmer Eisenbahnfreunde), die alles durcheinander fahren, inspiriert. Die Strecke der AVG liegt gleich hinter der Gartenhütte, von dieser nur getrennt durch das Gebirgsflüsschen „Alb“.

Vorbilder, Ausgestaltung

Da gibt es zunächst den Bahnhof Marxzell, dessen Empfangsgebäude lediglich als Relief in die Kulisse eingearbeitet wurde. Die Hintergrundkulisse zeigt das Nordschwarzwaldnest Marxzell mit dem kleinen, kautzigen Fahrzeugmuseum, vor dem einige historische Straßenbahnwagen und Schmalspurloks ausgestellt sind. Eisenbahnerisch hat Peter Urban Marxzell durch die besagte Drehscheibe und ein Bw aufgewertet, in dem bei Ausstellungen diverse Lokomotiven aufgestellt sind. In der Gartenhütte hat das Bw leider keinen Platz.

Dann gibt es noch das Sägewerk „Emil Kling“. Im Maßstab 1:45 ziert es jetzt eine Ecke der Anlage. Die Diesellok von Fleischmann MagicTrain schiebt fleißig einen Baumstamm hin und her. Die Klosterruine von Frauenalb wurde ebenfalls übernommen. In ihrem Gemäuer versteckt sich der Bedienungsapparat für die Drehscheibe. In Marxzell hat Peter Urban ein kleines Industriegebiet geschaffen, in dem die Maschinenfabrik „Leo Urbanginski“ zu Hause ist. Diese entstand aus veränderten Teilen zweier Plastikbausätze. Die anderen Gebäude sind komplette Eigenbauten

Der Haltepunkt „Frauenalb“ wurde rund um Brücke, Tunnelportal, Schlucht und das Flüsschen Alb gestaltet. Der Triebwagen pendelt zwischen Tunnel und Bahnsteig hin und her (rechts oben und rechts unten).

Ganz links oben: Die doppelgleisige, normalspurige Ringstrecke führt am Sägewerk – mit Gleisanschluss und eigener Feldbahn – vorbei.

aus Sperrholz und Planken, aus dem Schiffsmodellbau.

So weit die Marxzeller Seite der Anlage. Aus dem Nordschwarzwald führt die zweigleisige Nebenbahn über die Schlucht der Alb direkt nach Iserlohn-Ost im Sauerland. Die Alb wird mittels zweier Messingkonstruktionen überbrückt. Unter den Brücken befindet sich der Haltepunkt Frauenalb, wo ein Triebwagen zwischen dem Tunnelportal und dem Bahnsteig hin- und herpendelt. Neben der Alb versucht ein Petrijünger trotz Angelverbotes sein Glück.

Vom Bahngelände Iserlohn-Ost gelangen die Züge über eine kleine Straßenüberführung wieder in den Nordschwarzwald, vorbei an der Maschinenfabrik. So schließt sich der Kreis der Spielbahn in Spur 0.

Ein Modell der Gartenhütte durfte auf der Anlage auf keinen Fall fehlen. In dem Gartenhüttenmodell ist ein Modell der Spur-0-Anlage nachgebildet mit Sägewerk und Gartenhütte … Vielleicht hat hier der Erbauer die Nachbildung etwas übertrieben, aber das Basteln hat ihm großes Vergnügen bereitet. Alle Gebäude, Autos, Personen etc. sind fest mit der Anlage verbunden.

Steuerung, Elektrik

Verdrahtet wurde die Anlage ursprünglich für einen analogen Fahrbetrieb mit gewöhnlichen Trafos. Das erforderte viele Schalter mit entspre-

Das Sägewerk „Emil Kling" mit eigener Feldbahn; davor führt die normalspurige, doppelgleisige Strecke vorbei (oben).

Nicht in der Gartenhütte wurde dieses Bild aufgenommen, sondern anlässlich einer Ausstellung; interessant ist u.a. die 1:45-Nachbildung des Gartenhäuschens (vorne rechts)!

chender Verdrahtung und Verbindungssteckern zwischen den Modulen. Der nächste Schritt bestand aus dem Erweitern der elektrischen Schaltungen für das Umschalten von analogem auf digitalen Betrieb, verbunden mit der Möglichkeit, auf einem Kreis analog und auf dem anderen digital zu fahren. Mittlerweile hatte Peter Urban einige Loks mit Decodern versehen, aber Freunde brachten zum Spielen auch Loks ohne Decoder mit. Der Mischbetrieb war lästig, die Fehlerrate durch „menschliches Versagen" stieg. Vor einiger Zeit wurde der „Drahtverhau" rigoros auf digitale Bedürfnisse zurückgebaut. Plötzlich ist alles verblüffend einfach und übersichtlich und völlig fehlerfrei!

Bei der Auswahl der digitalen Steuerung hat sich Peter Urban nicht von technischen Details oder von irgendwelchen Verkaufsargumenten leiten lassen. So ist es z. B. absolut unerheblich, ob ein Lok-Decoder 31 oder 128 Fahrstufen beherrscht. Hauptsache ist das Ergebnis, nämlich dass die Lok butterweich anfährt, langsam bis zur gewünschten Endgeschwindigkeit beschleunigt, sanft abbremst, und dass die Endgeschwindigkeit ebenso wie das Beschleunigungs- und Bremsverhalten (Massensimulation) im Decoder und auch am Handregler eingestellt werden können. Ebenso müssen sowohl Motoren älterer Bauart als auch moderne Glockenankermotoren gleichermaßen schonend vom Decoder gesteuert werden. Weitere wichtige Kriterien waren die Einfachheit sowohl in der Bedienung als auch in der Installation, die Zuverlässigkeit, die Ausbaufähigkeit sowie die Kosten des Systems. „Ich habe mich sehr früh für das System Selectrix entschieden und diese Entscheidung nie bereut", sagt Peter Urban.

Der Zufall wollte es, dass ihm vor einiger Zeit ein Handregler der Firma MÜT (Bergkirchen) zum Probieren in die Hand gegeben wurde. Dieser Baustein ist voll Selectrix-kompatibel. Die Handregler von MÜT sind so umwerfend genial, dass er nur noch diese einsetzt. Die Firma MÜT hat in der Zwischenzeit noch weitere Komponenten entwickelt, die im System Selectrix eingesetzt werden können.

Extra für den Enkel: eine 80er aus Kunststoff von Rivarossi (oben).

Das Modell des Wiegehäuschens für die Gleiswaage entstand aus Messing.

Anlagen-Steckbrief

Nenngröße:	**0**
Baumaßstab:	**1:43,5**
Anlagengröße:	**3,7 x 4,0 m**
Thema:	**Nebenbahnmotive**
Rollmaterial:	**Selbstbau, EMA, Fulgurex**
Gleismaterial:	**Roco**
Epoche:	**III**

In „Iserlohn-Ost" ist diese Bahnsteigszene mit typisch preußischer (Museumsbahn-) Garnitur aufgenommen.

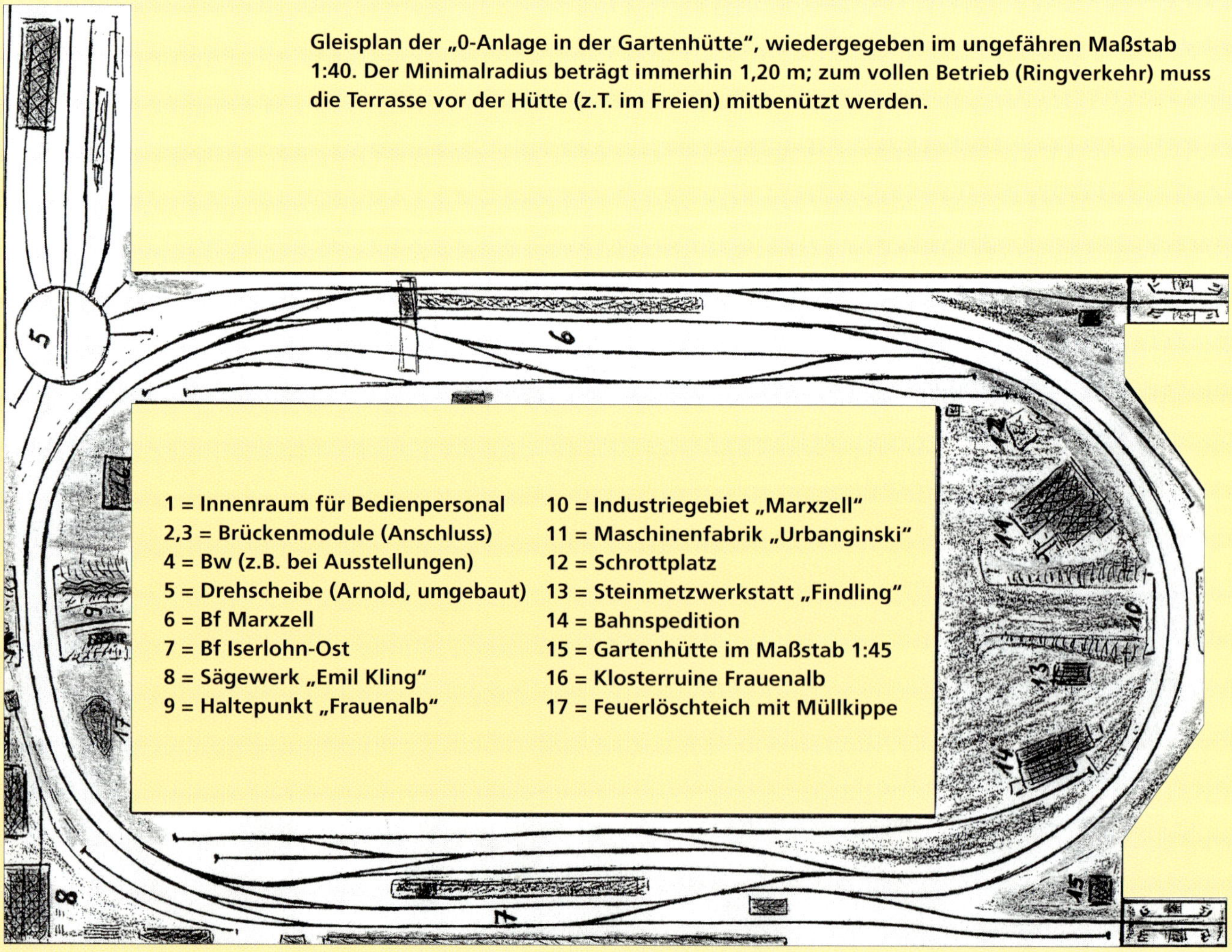

Gleisplan der „0-Anlage in der Gartenhütte", wiedergegeben im ungefähren Maßstab 1:40. Der Minimalradius beträgt immerhin 1,20 m; zum vollen Betrieb (Ringverkehr) muss die Terrasse vor der Hütte (z.T. im Freien) mitbenützt werden.

1 = Innenraum für Bedienpersonal
2,3 = Brückenmodule (Anschluss)
4 = Bw (z.B. bei Ausstellungen)
5 = Drehscheibe (Arnold, umgebaut)
6 = Bf Marxzell
7 = Bf Iserlohn-Ost
8 = Sägewerk „Emil Kling"
9 = Haltepunkt „Frauenalb"
10 = Industriegebiet „Marxzell"
11 = Maschinenfabrik „Urbanginski"
12 = Schrottplatz
13 = Steinmetzwerkstatt „Findling"
14 = Bahnspedition
15 = Gartenhütte im Maßstab 1:45
16 = Klosterruine Frauenalb
17 = Feuerlöschteich mit Müllkippe

Bella Italia piccola

H0

1:87

16,5 mm

Fotos: Dr. Alessandro Sergio
Abdruck mit freundlicher Genehmigung der Zeitschrift Tutto Treno

Dr. Alessandro Sergio schuf die Nebenbahnstation „Pianfei" im mediterranen Stil.

Das kurze Viadukt in Steinbauweise findet man im Verlauf der Nebenbahnstrecke.

Wer die Landschaftsgestaltung dieser Anlage eingehend betrachtet, wird schnell den Eindruck gewinnen, dass hier die Vorbildlandschaft 87-mal verkleinert und dann mit nach Hause genommen wurde. Mithilfe von Naturmaterialien aus der eigenen Umgebung ist es in hervorragender Weise gelungen, realistische Landschaften nachzubilden.

Der Erbauer dieser großen, sehenswerten Anlage, Dr. Alessandro Sergio, wollte im Modell erreichen, dass sich die Streckenführung quasi der Natur unterordnet. Keinesfalls sollte die Bahn dominieren oder durch ein Zuviel an Gleisen gar übertrieben wirken. Ein Gerüst von teilweise 3 m Höhe stellt die Basis dar für die Landschaftsgestaltung. Der Unterbau be-

Typisch für die FS Italia waren die Kohle sparenden Franco-Crosti-Dampfloks mit seitlichem Schlot.

Der nicht elektrifizierte Streckenabschnitt nahe der Küste wird soeben von einem Nebenbahntriebwagen der Bauart Al 556 befahren.

steht aus Holz, er muss z.B. das Gebirgsmassiv aus Gips tragen.

Für die Landschaftsgestaltung fanden verschiedenste Materialien Verwendung: echte Erde, Sträucher, Flechten, Moos, Gewürze, Rasierpinsel, Heu (mit der Kaffeemühle gemahlen) und ganze Wälder, naturgetreu – man möchte fast sagen, Blatt für Blatt – nachgebildet.

Auch die Landhäuser wurden detailgetreu nachgebaut: Tausende von Ziegelsteinen in der Größe 1 x 2 mm wurden aneinander geklebt und mithilfe von Stecknadeln verbunden. 1500 Dachziegel wurden Stück für Stück bemalt und aufs Dach geklebt, sodass eine äußerst realistische Darstellung möglich war.

Auf einer Höhe von 110 cm, vom Fußboden aus gemessen, entstand ein Unterbau, der sich auf vertikale Metallträger abstützt. Darauf kamen hölzerne Längsholme (mit den Abmessungen 3 x 4 cm), auf die dann Holzplatten von 2 cm Stärke aufgelegt wurden. Während des Anlagenbaus war diese Konstruktion auch begehbar. Um die Anlage herum wurde ein 40 cm breiter Korridor berücksichtigt, vor allem im Hinblick auf eventuell notwendig werdende Instandhaltungsarbeiten usw.

Berge und Hintergrundkulisse

Eine „dreidimensionale" Hintergrundkulisse reicht bis knapp unter die Decke, an manchen Stellen der

Ein Teil der Gebäudemodelle ist ebenfalls selbstgebaut, man beachte die einzelnen Wandziegel ebenso wie die einzeln gefärbten und festgeklebten Dachziegel.

Mehrere Eisenbahnerhäuser sind in der Nähe des Hauptbahnhofes zu finden; eine wohl in allen europäischen Ländern beim Vorbild recht häufig vorkommende Szenerie.

Alle Gebäudeteile der Sägemühle wurden aus einzelnen Stein- bzw. Ziegelnachbildungen komplett selbst gebaut.

Der Blick ins Sägewerk verrät, dass auch hier viele Details liebevoll nachgestaltet wurden.

Dieser Viadukt in einer lang gezogenen Kurve ist Teil der Hauptstrecke. Er überspannt ein ausgetrocknetes Flussbett.

Ein Triebwagen passiert mit verminderter Geschwindigkeit eine Gleisbaustelle in der Nähe der Einfahrt zum Hauptbahnhof.

Das Bahnwärterhäuschen in der Nähe des kleinen Steinviadukts ist, wie viele Gebäudemodelle dieser Anlage, selbst gebaut.

Anlage werden so 3 m Höhe erreicht. Für die realistische Darstellung der Berge wurden echte Felsstücke verwendet und mittels robuster Holzstützen auf der Anlage befestigt.

Die Darstellung der Bergstruktur wurde mithilfe von Vorbildfotos ins Modell umgesetzt. Beim Aufbau der Berge musste natürlich auch die verdeckte Streckenführung berücksichtigt werden, wenn auch der Gedanke, die Berge zuerst einzubauen und erst dann die Tunnels anzulegen, nicht schlecht war. Schließlich war's beim Vorbild ja genauso – erst waren die Berge da, dann kam die Eisenbahn!

Streckenführung und Epoche

Die Landschaftsausgestaltung erfolgte, nachdem der Untergrund mit Farbspray (dunkelbraun matt) vorbereitet worden war, mit Erde aus dem Garten. Diese wurde vorher gesiebt und sterilisiert um Schimmelbildung zu vermeiden. Für die Nachbildung der Bäume wurde gemahlenes Basilikum auf getrocknete Stängel von Unkräutern etc. geklebt und auf die richtige Größe zurechtgeschnitten.

Das Gleismaterial stammt von Peco, die Gleise wurden auf 3 mm dicke Gummistreifen geklebt um das Rollgeräusch möglichst gering zu halten. Für das Schotterbett wurde schließlich gesiebter Sand verwendet.

Die Streckenführung hat zwei doppelgleisige Linien (jeweils mit vier Gleisen in den Haupt- und Nebenbahnhöfen) aufzuweisen. Die Höhenunterschiede auf der Anlage werden mittels interessanter Steigungsstrecken überwunden.

Der auf der Anlage dargestellte Zeitabschnitt entspricht in etwa der Epoche 3 (bis Anfang 4). Die geografische Charakteristik reicht von der Bergregion bis hin zu typisch mediterranen Dörfern, wie sie in Süditalien und Sizilien anzutreffen sind.

Steuerung und Störungssuche

Die Steuerung der Anlage erfolgt von einem Stellwerk aus, das einem echten Stellwerk in Bologna nachempfunden ist, der Verkleinerungsmaßstab für das Stellwerk beträgt übrigens 1:8. Im Inneren befinden sich die Trafos, Weichenschalter, Gleisbild und Besetztmelder. Und falls während des Betriebes auf manchen Streckenabschnitten Probleme auftauchen, kann eine Lok mit eingebauter Kamera die Strecke abfahren um festzustellen, wo etwas passiert ist bzw. um welche Art von Störung es sich handelt.

Der Bau dieser Anlage hat natürlich viel Schweiß und Arbeit gekostet, aber das Resultat ist mit Sicherheit bemerkenswert, zumal beinahe jede Ecke der Anlage eine neue Überraschung für den Betrachter bereithält.

Anlagen-Steckbrief

Nenngröße:	**H0**
Baumaßstab:	**1:87**
Anlagengröße:	**140 qm**
Thema:	**italienische Gebirgsmotive**
Rollmaterial:	**alle bekannten H0-Hersteller**
Gleismaterial:	**Peco**
Epoche:	**III – IV**

H0

1:87

16,5 mm

„Eisenberg-Ost" – ein Bahnhof in der Vorstadt

Seine Liebe zur Eisenbahn muss Peter Isenberg wohl schon sehr früh entwickelt haben, bastelte er doch bereits als Zehnjähriger aus Metallbaukästen seine erste Lok! In den Jahren des Heranwachsens ergab sich dann zwar eine gewisse „Eisenbahn-Abstinenz", doch nach der Gründung einer Familie wurde diese (die Bahn-Abstinenz!) glücklicherweise beendet. Durch die tägliche Benutzung der Bundesbahn im Raum Duisburg-Köln-Wuppertal-Dortmund Anfang der 60er-Jahre entflammte seine volle Bahn-Leidenschaft, die ihn veranlasste Fach- und Hobbyliteratur zu studieren.

Anlagenbau nach 35 Jahren

In diesen Jahren fehlte Peter Isenberg die Zeit zur praktischen Ausübung seines Steckenpferds, sodass er beschloss entsprechende Aktivitäten auf einen späteren Termin zu verschieben. Dass dieser Zeitpunkt dann etwa 35 Jahre später kommen sollte, konnte seinerzeit niemand ahnen. Ende 1996 war es dann so weit.

Nach Beendigung seiner beruflichen Tätigkeit legte er los: Modellbahn-Zeitschriften und Ausstellungen brachten Erkenntnisse über den neuesten Stand der Technik und über das verfügbare Bau- und Betriebsmaterial. Ein Hobbyraum von 6,5 x 3,3 m war verfügbar und acht Enkelkinder zwischen 5 und 15 Jahren waren sicher auch Grund genug für seine

Fotos: Peter Isenberg

Bahnsteigszenen, realistisch gestaltet und fotografisch gekonnt eingefangen!

Unten: Der D-Zug nach Norddeich fährt auf dem Überholgleis ein. Der Bahnhof wirkt, allein schon durch seine Lage, sehr großzügig.

Wahrscheinlich haben die Züge Richtung Westen Verspätung, anders ist die große Zahl von Reisenden auf dem Bahnsteig nicht zu erklären!

Die Güterabfertigung; der „Gebäckwagen" steuert seine Heimat Hagen-Haspe an.

Die Wohnsiedlung auf dem linken Anlagenteil. Die Straße im Vordergrund führt über eine Brücke zum Personenbahnhof.

Offenbar eine wildromantische Landschaft: Kurz zuvor zweigte das Zufahrgleis zum Bahnhof von der Paradestrecke ab.

„bessere Hälfte“, seine vehement vorgenommenen Modellbahn-Aktivitäten zu verstehen. Alles begann dann mit der Planung.

Vorbild: Wuppertal-Langerfeld

Natürlich hatte Peter Isenberg schon immer eine Vorstellung von dem, was da entstehen sollte: Ein Vorstadtbahnhof, dessen Zufahrt von einer zweigleisigen Hauptstrecke abzweigt, wobei die Hauptstrecke als Paradestrecke für lange Züge und als „Kulisse“ für den Bahnhofsbetrieb gedacht ist. Das Vorbild hierfür befand sich in Wuppertal-Langerfeld.

Zeitlich wollte Peter Isenberg die frühen 60er-Jahre nachbilden, also die Zeit vor der Elektrifizierung der Strecke. Zu diesem Zeitpunkt bestand die DB-Anlage im Wesentlichen aus einem durch eine Unterführung zugänglichen Haltepunkt, einem relativ großen Güterbahnhof und einem Betriebswerk. Im Laufe der Planung stellte sich heraus, dass eine solche Anlage nur unter sehr großen Einschränkungen in Bezug auf den Maßstab zu verwirklichen ist. Außerdem

Wenn man nach den Autos auf dem Parkplatz geht, ist das Lokal gut besucht. Wer wird hier wohl mit dem Traktor abgeholt?

Sozusagen die Kaminkehrerperspektive: Blick vom Dach der Gartenwirtschaft

Die 57er fungiert als Rangierlok, sie wartet auf ihren nächsten Einsatz. Am Stellwerk werden gerade Bauarbeiten durchgeführt.

Während im Hof die letzten Fässer aufgeladen werden, machen sich die Angestellten der Brauerei bereits auf den Heimweg.

wären Kosten und zeitlicher Aufwand für die Erstellung einer solchen Anlage weit über seine Vorstellungen hinausgegangen. Deshalb fiel letztlich der Entschluss, das Bw zu streichen, die Güteranlage wesentlich zu verkleinern, dafür aber den Haltepunkt zu einem „richtigen“ Bahnhof zu vergrößern und mit einer Zufahrtsstraße zu versehen. Zu ihm gehören nun ein Vorplatz, ein Empfangsgebäude, dessen Hausbahnsteig an den Bahnhofswirt vermietet ist, und ein 210 cm langer Mittelbahnsteig (64 cm davon sind überdacht), der durch eine Unterführung erreichbar ist. Zusätzlich zu den beiden für Reisende zugänglichen Gleisen besteht noch ein drittes Gleis, das als Überholgleis oder als Zufahrt zum Güterbahnhof dient. Letzterer besteht aus einer Güterabfertigung, einem Freiladegleis sowie drei Rangiergleisen. Da nun bedingt durch die Veränderungen nicht mehr alle Modell-Gegebenheiten der Wirklichkeit entsprechen, hat Peter Isenberg seinen Vorstadtbahnhof „Eisenberg-Ost“ getauft.

Anlagen-Unterbau

Den Grundaufbau nahm der Erbauer mit Sperrholzsegmenten vor, die auf entsprechende Rahmenelemente aufgeleimt wurden. Der Rahmen ruht auf 80 cm hohen Möbelfüßen aus Stahl. Bebaut wurden etwa 9,5 m^2 Fläche (L-Form: 5 x 1,3 m, 1,5 x 2 m). Die untere Basis bildet der „Schatten-

Die nahe Stadt beginnt bereits im Westen. Wegen des bevorstehenden Wochenendes ist der Markt gut besucht.

Hier ist der Durchgangsgüterzug – der Verfasser nennt ihn scherzhaft „4711“ – auf der Hauptstrecke unterwegs, er fährt also am Bahnhof „Eisenberg-Ost“ vorbei.

bereich“, auf dem sämtliche sichtbaren Teile als Landschaftselemente aufliegen (bzw. in den sie eingelassen sind).

Lediglich das Bahnhofsgelände und die Trasse der zweigleisigen Hauptstrecke sind mit dem Grundaufbau verschraubt. Der Gleiskörper und andere technische Einrichtungen, so weit sie sich nicht ohnehin im Vordergrund der Anlage befinden, sind von unten zugänglich.

Gleis- und Weichenverlegung

Es wurden Roco-Line-Gleise ohne Bettung auf Kork verlegt und im einsehbaren Bereich mit Asoa-Produkten eingeschottert. Der Mindestradius beträgt „unter Tage“ 543 mm, im sichtbaren Bereich sind es etwa 1200 mm. Als Weichenantriebe dienen Roco- und Fulgurex-Produkte; elektrisch haben die Weichen – so weit erforderlich über Relaisschaltungen – die Funktionen Stoppschaltung, Herzstückpolarisierung und Rückmeldung.

Im Rangierbereich werden die Weichen über Kipphebel geschaltet; falls notwendig, wurden zwei Weichen zu einer Gruppe zusammengefasst. Alle anderen Weichen werden über Start- und Zieltaster gesteuert. Die gesamte Gleisanlage ist in zehn getrennte Stromkreise unterteilt; fünf davon können manuell über Fahrregler gesteuert werden. Das Überholgleis im Bahnhof ist in beiden Fahrtrichtungen zu befahren und ermöglicht in Verbindung mit zwei „unterirdischen“ Kehrschleifen das Wenden von Lokomotiven oder ganzen Zügen.

Etwa auf der Höhe des Abzweigs zum Bahnhof, gleich hinter der Brauerei, verschwinden die Züge im Westen.

Zwar ohne existierendes Vorbild, aber ein höchst wirkungsvoller Zug: der hauseigene Schienenservice

Die Köf rangiert einen Rungenwagen zum Überladekran gegenüber dem Empfangsgebäude.
Modellbahn-Idylle pur: Auf dem linken Anlagenteil findet sich die Siedlung, in der es auch noch einen Bauern gibt. Hier lassen sich nette Szenen wie der Plausch mit dem Postboten gestalten.

Die Fahrstrom-Umpolung erfolgt automatisch über Relais bei Betätigung der Start/Ziel-Taster. Die Fahrstromzuschaltung geschieht für das Überholgleis alternativ zum Güterbahnhof, damit der Rangierbetrieb gefahrlos auf dieses Gleis ausgedehnt werden kann. Alle anderen Gleise werden praktisch nur in einer Richtung befahren. Da immer mehrere Funktionen über Relais geschaltet werden, wird zur Vermeidung von Rückströmen (Endabschaltung) Gleichstrom unter Einsatz von Dioden verwendet; gleiches gilt auch für die Signale.

Alle Schalter befinden sich in einem (selbst gebauten) Gleisbildstelltisch. Besetzte Gleise werden durch rote Leuchtdioden angezeigt, freie Gleise durch grüne. Für die Weichenstellung und damit zur Kenntlichmachung des Fahrwegs dienen gelbe LEDs. Ein schwarzer Taster bedeutet „Ziel“, ein weißer entsprechend „Start“. Die 7 eingebauten Entkupplungsgleise werden über gelbe Taster betätigt.

Landschaftsbau

Für den Landschaftsbau hat Peter Isenberg Styrodur, Sperrholz, Presspappe, Fliegendraht, Dispersionsfar-

Man kann sich auf dem Bahnsteig langweilen oder sich beim Bahnhofswirt laben.

Die „Quasi-Insellage“ des Bahnhofs ergibt sich aus der Tatsache, dass die Hauptstrecke relativ dicht hinter dem Bahnhof vorbeigeführt wird, was aber modellbahnerisch interessante Möglichkeiten eröffnet.

Die romantisch gestaltete Straßenbrücke über den östlichen Bahngleisen, das Taxi ist auf dem Weg zum Personenbahnhof.

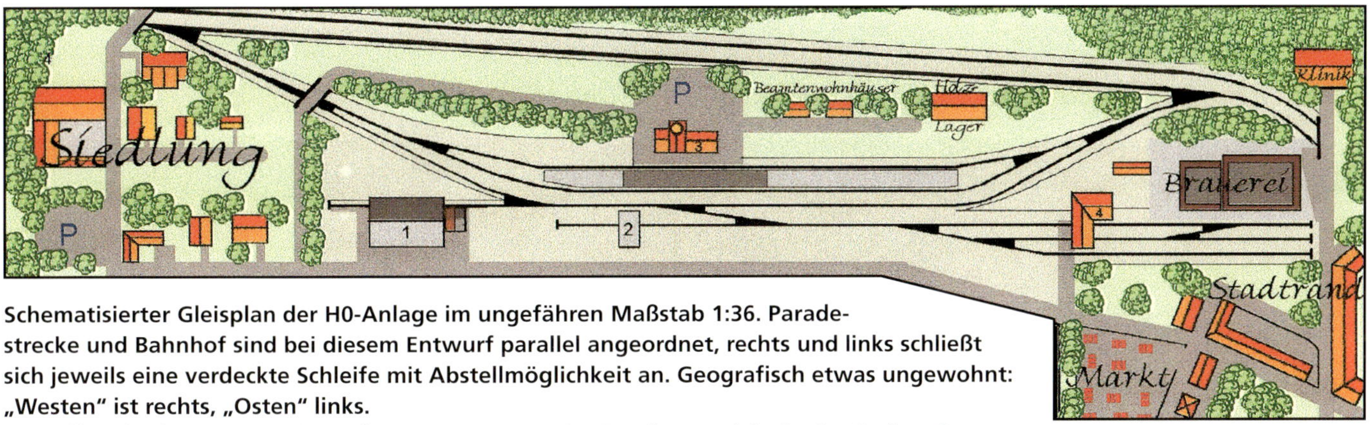

Schematisierter Gleisplan der H0-Anlage im ungefähren Maßstab 1:36. Paradestrecke und Bahnhof sind bei diesem Entwurf parallel angeordnet, rechts und links schließt sich jeweils eine verdeckte Schleife mit Abstellmöglichkeit an. Geografisch etwas ungewohnt: „Westen" ist rechts, „Osten" links.
Die Ziffern bedeuten: 1 = Güterschuppen, 2 = Kran, 3 = Empfangsgebäude, 4 = Stellwerk.

ben, Weißleim, Sand und verschiedene Spachtelmassen verwendet. Die Modellgebäude stammen im Wesentlichen von Kibri, Faller und Vollmer. Zur Begrünung diente entsprechendes Material fast aller Hersteller, wobei die Bäume aus natürlichen Rohmaterialien (MZZ) bestehen, vervollständigt durch „Laub" von Noch, Heki und Busch.

Fahrzeuge

Das rollende Material stammt von Fleischmann, Liliput, Lima, Kato, Klein, Roco und Trix. Gekuppelt wird mittels der Fleischmann-Profi-Kupplung, mit der Peter Isenberg nur gute Erfahrungen gemacht hat. Die eingebauten Signale stammen alle von Viessmann. Es befinden sich ständig zehn Triebfahrzeuge bzw. Züge auf der Anlage, von denen vier gleichzeitig in Bewegung sein können. Die Triebfahrzeuge sind nicht digitalisiert, da die Fertigstellung der Anlage zunächst natürlich zeitlichen Vorrang vor den Lok-Umbauten hatte.

Nach rund 20 Monaten ist die Anlage soweit fertig gestellt; selbstverständlich werden im Laufe der Zeit noch etliche Details angebracht oder es wird noch das eine oder andere verbessert. Als Erweiterung der Anlage ist demnächst ein „unterirdischer" Einsatzbahnhof mit acht Gleisen vorgesehen um weitere Züge aus ihrem Vitrinen-Dasein zu erlösen.

Anlagen-Steckbrief

Nenngröße:	H0
Baumaßstab:	1:87
Anlagengröße:	9,5 m² in L-Form
Thema:	Paradestrecke , Bahnhof, Anschlussbahn
Rollmaterial:	Fleischmann, Liliput, Lima, Kato, Klein, Roco und Trix
Gleismaterial:	Roco-Line
Epoche:	III

N

1:160

9 mm

Von Rebenstein nach Rambach

Auf sechs Ebenen kann der Betrieb auf dieser U-förmigen Modellbahnanlage ablaufen! Jürgen Schmitz installierte auf seiner großen N-Anlage eine selbst gebaute Oberleitung. Betrieblich tragen seine Elloks die Hauptlast des Zugverkehrs.

Bereits vor längerer Zeit, genauer gesagt in Heft 2/91, hat die MIBA über die im Entstehen begriffene N-Anlage von Jürgen Schmitz berichtet. Damals war die Anlage aber nur so weit „fertig“, dass man erst einmal den Fahrbetrieb aufnehmen konnte. Doch inzwischen sind einige Jahre vergangen, in denen fleißig gebaut wurde. Mittlerweile ist die Anlage fast fertig gestellt.

Schattenbahnhöfe und Landschaft

Inzwischen sind vier Schattenbahnhöfe mit insgesamt 27 Gleisen unterschiedlicher Länge entstanden. Die Schattenbahnhöfe werden von den Zügen automatisch gesteuert, Gleisfreimelder sind installiert. Sie schalten auch die Einfahrweichen so, dass nur Einfahrten in nicht besetzte Gleise möglich sind. Sind dagegen alle Gleise belegt, werden ankommende Züge automatisch über ein Durchfahrgleis geleitet. Die notwendigen Schaltungen sind mit bistabilen Relais und zuggesteuerten SRKs ausgerüstet. Der Aufwand beim Verkabeln ist zwar nicht unerheblich, dafür funktioniert das Ganze aber äußerst zuverlässig.

Einer der anderen Schattenbahnhöfe liegt unter der Landschaft. Als Pla-

An „Rebenstein“ vorbei führt die Paradestrecke, hier der Fußwegübergang von den Bahnsteigen aus (rechts oben).

„Eisenbahn und Landschaft“ ist das Motto, unter dem Lutz Schmitz seine Anlage gestaltete (rechts mitte).

Interessantes Detail der Oberleitung: Schalterquerleitung mit Mastschalter an einem Quertragwerk (rechts unten).

Bahnhof „Rebenstein“ ist der zentrale Betriebsmittelpunkt der großen, U-förmigen N-Anlage (unten).

Fotos: Jürgen Schmitz, Lutz Kuhl

num verwendete der Erbauer 10 mm dicke, beidseitig mit Pappe kaschierte Schaumstoffplatten. Dieses Material ist leicht und lässt sich gut mit einem Messer bearbeiten. Auf diese Platten wurden Spanten gleichen Materials geklebt. Je nach deren Höhe war die Landschaft damit auch im Groben schon vorgeformt. Das Ganze wurde mit Karton eingefasst, der in der Höhe den Spanten angepasst war. Auf die Spanten ist Karton geklebt worden. Da dieser weiß war, ergab sich eine Art Winterlandschaft. Auf diese kamen durch Schneiden und Reißen angepasste Grasmatten. Wege und Felder wurden mit gesiebter Gartenerde gestaltet, Straßen aus Selbstklebefolien aufgebracht. Getrocknete Stängel von wilden Rosen und Gräsern ergaben mit den verschiedenen Schaumstoffflocken und Vliesen die Laubbäume und Sträucher.

Eine ganz besonderes harte Arbeit war die Anfertigung eines kleinen Hopfengartens nach der Methode, die Karlheinz Oechsler in MIBA 8/86 unter dem Titel „Hopfen und Malz – Gott erhalt's!“ vorstellte. Der Anblick des Gartens ist erfreulich und lässt die (psychologischen) Anstrengungen vergessen, die bei der Herstellung und Anbringung von 600 (!) Hopfenstöcken nötig waren. Jürgen Schmitz setzte täglich zehn Stangen.

Elektroloks und Oberleitung

Bewegt werden auf der Anlage ca. 40 Lokomotiven – vorwiegend Elektrolokomotiven. Dabei steht die Überlegung im Vordergrund, dass alles, was

In ein ansonsten „totes Eck" wurde das Ellok-Bw hineingebaut. Die Tiefenwirkung wird mit einem schmalen Spiegel noch erhöht. Drüber liegt eine Straßenbrücke.

sich auf der Anlage abspielt, um 1972/73 stattfindet. Entsprechend sind die Lok- und Wagenmodelle ausgewählt. Es gibt also immer noch stangengetriebene Elloks neben „nagelneuen" 151ern. Das passt gerade noch so. Andererseits gibt es ja bekanntlich für alles ein Vorbild bzw. eine passende „Ausrede"...

Im ersten Bericht wurde eine Abbildung der selbst gebauten Oberleitung gezeigt. Sie ist zwar nur eine Attrappe, wurde aber dennoch aus 0,3-mm-Kupferlackdraht relativ penibel nachgebaut. Die MIBA-Broschüre „Elektrische Fahrleitungen" von Lothar Weigel (MIBA-Report 19) war dabei eine große Hilfe. Die Oberleitung ist verspannt und verlötet. Sie weist vorbildgerecht Abspannstrecken und Festpunkte auf. Jürgen Schmitz machte sich die Mühe an den Bahnhofseinfahrten von „Rebenstein" die Streckentrenner nachzubilden. An einigen Masten befinden sich Nachbildungen von Transformatoren mit der Verkabelung für Weichenheizungen.

Kompliziert war auch der Aufbau des polygonen „Drahtverhaus" über der rechten Bahnhofseinfahrt. Jürgen Schmitz hat dazu einen Plan im Verhältnis 1:1 angelegt, mit dem er die Aufstellung der Masten und den Verlauf der Fahrdrähte mit ihren Kreuzungspunkten festlegen konnte. Im Bahnhof fehlen noch die Fahrdrahthänger, vor deren Anbringung er sich aber noch „gedrückt" hat.

Auf der Anlage sind ungefähr 180 m Gleis und ca. 80 Weichen verbaut. Die Zugsicherung übernehmen etwa 60 Signale mit Zugbeeinflussung und – so sie denn Zugfahrten steuern – mit elektronischer Anfahr- und Bremsbeschleunigung. Acht Signale teilen die Paradestrecke in Blöcke ein und ermöglichen auf jedem Gleis den gleichzeitigen, gefahrlosen Betrieb von zwei Zügen.

Im sichtbaren Bereich wurden Fleischmann-Gleise verlegt und mit dem Schotter desselben Herstellers eingeschottert. Nach dem Trocknen des Klebers wurde ein Gemisch aus echtem Eisen(III)-Hydroxid, einer Winzigkeit Netzmittel, ein wenig Ponal und wenig Wasser aufgepinselt. Nach ein bis zwei Tagen wurden die Schienenköpfe blank geschliffen. Jürgen Schmitz hätte den Mut, das „schöne, saubere Schotterbett" derart zu verunstalten, sicher niemals aufgebracht, hätte nicht Rolf Knipper in seiner MIBA-Broschüre „Große Anlage von Anfang an" (MIBA-Modellbahn-Praxis) die Methode beschrieben. Der erreichte Effekt ist jedenfalls sehr überzeugend, weil es einfach wie echt aussieht.

Elektrik und Spurplan

Die Stromversorgung für den Fahrbetrieb übernehmen sechs Arnold-Transformatoren. Eine absichtlich gewählte Eigenart der Stromeinspeisung ist die, dass Regler für Vorwärtsfahrten immer rechtsherum gedreht werden. Umgepolt wird über bistabile Relais, die mit der installierten Fahrstraßensteuerung bedient werden. Das hat sich bewährt, weil immer klare Verhältnisse herrschen. Die gesamte Steuerungstechnik ist in zwei Stellpulten mit klappbaren, leicht geneigten Oberteilen untergebracht. Die Unterteile enthalten in 19-Zoll-Einschüben 120 Euro-Karten mit 31-poligen Steckverbindern, etwa 200 Relais und ungefähr 3000 Dioden. Insgesamt wurden auf der Anlage ca. 600 Relais verbaut, davon allein etwa 250 für die Steuerung der Fahrstraßen.

Der Gleisplan der Anlage ist so konzipiert, dass man die Paradestrecke vom Betrieb in „Rebenstein" völlig abkoppeln kann. Man fährt nur bei Bedarf in den Bahnhof ein. Der Spielbetrieb mit zwei Leuten gestaltet sich wie beim Vorbild, besonders dann, wenn die Züge richtiggehend an- und abgemeldet werden müssen.

Die Nenngröße N erlaubt es, auf einem vertretbar großen Raum „eine Menge Eisenbahn" unterzubringen. Verniedlichungen kann man sich weitgehend ersparen. Kompromisse sind sicher bei jeder Modellbahn unumgänglich, bei N sind sie aber weniger zahlreich.

Der „Fuhrpark" besteht aus Produkten aller gängigen Hersteller. Das einheitliche, zunächst installierte

Kaum zu glauben: Die gesamte Oberleitung ist selbst gebaut!

Diesen Anlagenteil stellte die MIBA bereits 1991 vor. Links unten befindet sich der schwenkbare Teil mit dem Nebenbahnhof „Rambach", daneben ein typischer Nebenbahnzug mit 64er und Donnerbüchsen.

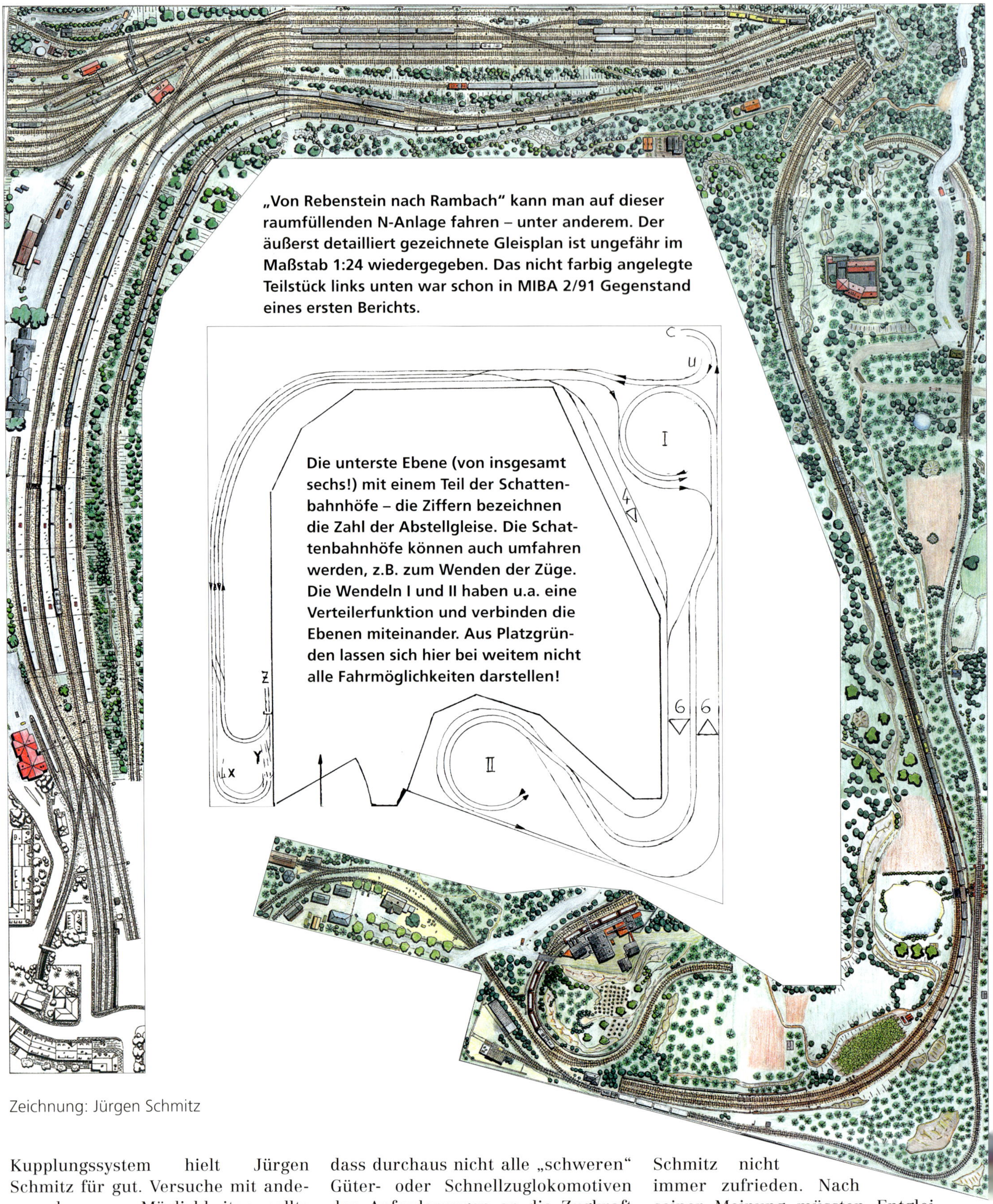

„Von Rebenstein nach Rambach“ kann man auf dieser raumfüllenden N-Anlage fahren – unter anderem. Der äußerst detailliert gezeichnete Gleisplan ist ungefähr im Maßstab 1:24 wiedergegeben. Das nicht farbig angelegte Teilstück links unten war schon in MIBA 2/91 Gegenstand eines ersten Berichts.

Die unterste Ebene (von insgesamt sechs!) mit einem Teil der Schattenbahnhöfe – die Ziffern bezeichnen die Zahl der Abstellgleise. Die Schattenbahnhöfe können auch umfahren werden, z.B. zum Wenden der Züge. Die Wendeln I und II haben u.a. eine Verteilerfunktion und verbinden die Ebenen miteinander. Aus Platzgründen lassen sich hier bei weitem nicht alle Fahrmöglichkeiten darstellen!

Zeichnung: Jürgen Schmitz

Kupplungssystem hielt Jürgen Schmitz für gut. Versuche mit anderen, besseren Möglichkeiten sollte jeder Modellbahner selbst durchführen. So fährt bislang nur ein kompletter Zug mit der Fleischmann-Profi-Kupplung. Jürgen Schmitz fährt gerne lange Züge und hat festgestellt, dass durchaus nicht alle „schweren“ Güter- oder Schnellzuglokomotiven den Anforderungen an die Zugkraft genügen. Oft würde nur ein wenig Ballast reichen, um in dieser Hinsicht (ohne Gefahr für den Motor) Abhilfe zu schaffen. Mit den Laufeigenschaften der Lokomotiven ist Jürgen Schmitz nicht immer zufrieden. Nach seiner Meinung müssten Entgleisungssicherheit von Vorlaufachsen und Drehgestellen verbessert werden. Oftmals ließ sich hier durch ein kleines Federblech schon eine Menge erreichen. Beste Laufeigenschaften zei-

Zufahrt zur Wendel 1 und zu den Schattenbahnhöfen (rechte obere Ecke im Gleisplan). In diesem Bereich treffen die Ausfahrt aus dem Güterbahnhofsteil des Bahnhofs „Rebenstein" und mehrere der Paradestrecken aufeinander.

gen aber Lokmodelle, bei denen die Vor- oder Nachlaufachse fest eingebaut sind, wie bei der E 16. Das leidige Kapitel mit der Stromaufnahme blieb Jürgen Schmitz nicht verborgen. Sorgfältiges Verlegen der Gleise und Sauberhaltung der Fahrwege auf seiner Anlage sind ein Beitrag in Richtung auf eine Verbesserung. Die Hersteller sollten nach Schmitz'scher Ansicht alle Achsen für die Stromaufnahme heranziehen, wann immer das möglich ist. Auch Schwungmassen verbessern die Laufkultur. So läuft die 141 mit Schwungmasse hervorragend.

Es sei ein Segen für die N-Bahner, dass endlich Weichen mit leitenden Herzstücken auch von hiesigen Großserienherstellern erhältlich sind, meint Jürgen Schmitz. Hier liegen bei „Normalweichen" die größten Schwachstellen – besonders in umfangreichen Weichenstraßen. Im Großen und Ganzen ist er aber dennoch mit den Möglichkeiten des Betriebs zufrieden. Bis jetzt wird einfach nur gefahren! Ganz selten kommt ihm der Gedanke nach Fahrplan zu agieren. In Zukunft wird Jürgen Schmitz wohl damit beschäftigt sein, Verbesserungen vorzunehmen und viele Dinge zu optimieren. Bäume und Sträucher sind neu zu „pflanzen" oder zu ersetzen, hier und da müssen die Details angebracht werden, die bisher fehlen.

Preiswerte Lampen

Ein typisches Beispiel dafür sind die Laternen: Eines Tages kam die Idee den Bahnhof „Rebenstein" und die Straßen zu beleuchten. Leuchten sind teuer, zumal an die 100 Stück nötig sind! Also bleibt nur der Selbstbau. Zwei oder drei verschiedene Typen sollten es schon sein.

Die Bahnhofslaternen entstanden alle aus Klingeldraht. Ein 40 cm langes Stück wurde in der Mitte auf 5 mm Länge abisoliert und einmal um einen Kugelschreiber gewickelt. Die Enden wurden gebogen, parallel ausgerichtet und mit Sekundenkleber verklebt. Der Bogen wurde an der isolierten Stelle aufgetrennt und nach Entfernen eines kleinen Drahtstückchens Microbirnchen angelötet. Ein Lampenschirm entstand aus einer abgefeilten Niete, die an das Birnchen geklebt wurde, dann lackieren und fertig! Preis – alles in allem: 30 Pfennige. Die Laternen werden an den vorgesehenen Stellen durch ein vorgebohrtes Loch gesteckt, verklebt und verdrahtet. Bei defekten Birnchen wird die ganze Laterne ausgebaut und weggeworfen.

Anlagen-Steckbrief

Nenngröße:	**N**
Baumaßstab:	**1:160**
Anlagengröße:	**5,4 x 4,4 m**
Thema:	**Hauptbahn mit abzweigender Nebenstrecke im Mittelgebirge**
Rollmaterial:	**alle N-Hersteller**
Gleismaterial:	**Fleischmann**
Epoche:	**III – IV**

Monheim
LÖWENBRAU
MÜNCHEN
DB

Monheim

0

1:43,5

33 mm

Ellok-Eldorado in Baugröße 0

Stationare Anlagen in der Baugröße 0 können normalerweise nur einen kleinen Ausschnitt des Vorbildes wiedergeben. Nur wenige „Nuller" haben bessere räumliche Möglichkeiten. Zu diesen Glücklichen gehört Roland Uhlitzsch, dem in seinem Haus in einer holsteinischen Kleinstadt ein Raum von 6,5 x 7,5 m für seine 0-Anlage zur Verfügung steht.

„Meine Vorstellungen waren, mit zwei Meter Mindestradius und Originalkupplungen zu fahren. Ein Experiment, da ich dieses vor der Planung nicht für möglich gehalten habe." So schildert der Erbauer die Ausgangslage und seine Planungen. Hauptthema der Anlage: zwei Kopfbahnhöfe, die über einen Kreis verbunden sind. Diese Konstellation sorgt für viel Fahrbetrieb. Im Nachhinein ist dann noch der Nebenbahnhof Nullingen entstanden; von ihm ist nur die Zufahrt im Plan eingezeichnet.

Die Strecken und die Gleisanlagen der Bahnhöfe lassen viele Betriebsmöglichkeiten im Streckenbetrieb und beim Rangieren zu. Kernstück ist die doppelgleisige Ringstrecke, von der beide Kopfbahnhöfe abzweigen. Der Bahnhof „Monheim" liegt auf der linken Seite der Anlage mit Gleisen auf zwei Ebenen. Im oberen Teil durchfahren die Züge auf der Ringstrecke mit zwei Gleisen den Bahnhof. Auf der unteren Ebene befindet sich ein Kopfbahnhof mit vier Gleisen für den Personenverkehr und drei Abstellgleisen für Güterwagen.

Die Gleise dieses Kopfbahnhofs fädeln sich nach langem Weg unter dem rechten Anlagenteil rechts vor dem Bahnhof Höchstadt kreuzungsfrei in die Ringstrecke ein. Die Ein- und Ausfahrt nach „Höchstadt" erfolgt an der hinteren, schmalen Seite mit einer Kreuzung des inneren Ringgleises. Die Bahnhofsgleise liegen auf gleichem Niveau wie die Ringstrecke, bevor diese in den Schattenbahnhof abtaucht. Dieser Streckenentwurf bietet auf kleinem Raum auch im Maßstab 1:45 sehr gute Fahrmöglichkeiten: einmal auf der Ringstrecke in beiden Richtungen, im Betrieb von Bahnhof zu Bahnhof und Rangierfahrten in den Kopfbahnhöfen.

Nicht gleich zu entdecken ist die Nebenstrecke, die vom zweiten Gleis direkt am unteren Empfangsgebäude „Monheim" abzweigt. Sie verschwindet in einer Tunneleinfahrt und taucht erst beim Dampflok-Bw wieder auf, unterquert die Ringstrecke und führt hinter der eigentlichen Anlage an der linken Wand entlang. Sie endet im Bahnhof „Nullingen" in der bereits erwähnten Tür. Auf dieser angenommenermaßen stillgelegten Nebenbahn hat der Erbauer eine gute Möglichkeit seine Sammlung von Dampflokomotiven von der T3 bis zur 01 als Bestand eines „Museumseisenbahnvereins mit Touristikverkehr" einzusetzen.

Der Betrieb wird mit Elloks im simulierten Oberleitungsbetrieb durchgeführt. Die Stromaufnahme erfolgt über die Schienen. Es gibt eine durchgehende Stromversorgung, da alle Lokomotiven digitalisiert sind. Das Gleismaterial stammt von Kesselbauer, die Weichen von Repa und Hegob. Geschottert wurde mit Asoa-Material. Die Oberleitung steuerte die Firma Wunder bei.

Die Fahrzeuge stammen aus den Epochen 4 und 5 und sollen den letzten Stand des Ellokeinsatzes wiedergeben. Alle Loks sind digitalisiert und

Hochbetrieb im Bahnhof „Monheim". Auf dem großen Foto hinten der Fußgängeraufgang zum Bahnsteig der inneren Ringstrecke, daneben der Tunnel zum Empfangsgebäude und zur Straße. Blickfang im Gleisvorfeld ist die filigrane Signalbrücke.

Fotos: Frithjof Spangenberg

Die Güterabfertigung in Höchstadt – im Hintergrund der Felsen zur Kaschierung der Raumecke.

Alle Fahrzeuge stammen aus den Epochen 4 und 5, wiedergegeben wird der Betrieb mit ellokbespannten Zügen.

erlauben einen unabhängigen Mehrzugbetrieb. Sie sind mit Führerstandsbeleuchtung, leise anlaufendem Lüftergeräusch und Motorensound ausgestattet. Dazu gehört ein umfangreicher Wagenpark an modernen Personen- und Güterwagen aus dem doch erstaunlich reichen Angebot der Spur-O-Kleinserienhersteller.

„Monheim“ ist ein kombinierter Durchgangs- und Kopfbahnhof. Auf der oberen Ebene, über dem Niveau einer Straße, liegt der zweigleisige Durchgangsbahnhof der Ringstrecke. Darunter befinden sich der Kopfbahnhof mit vier Gleisen (einschließlich Abgang der Nebenstrecke) für den Personenbahnhof und drei Gleise zum Abstellen von Zügen.

Die Ausfahrt aus dem unteren Bahnhof bestimmen eine Signalbrücke mit funktionsfähigen Signalen

Die Überblicksaufnahme des Bahnhofs Höchstadt zeigt die Wirkung der selbst gebauten Halbreliefhäuser; markant das „Hotel Eden" und das Kaufhaus „C&A" in der Bildmitte.

Oben ein Überblick über den Bahnhof „Monheim": im Hintergrund die Durchgangsgleise der Ringstrecke, vor der Anlage Aufbewahrungsregale für Fahrzeuge und das Stellpult.

und das Stellwerk. Ein „altes" Dampflok-Bw liegt zwischen den Gleisen der Ausfahrt und den erhöhten Gleisen der Ringstrecke. In Höchstadt liegt der Bahnhof vor einer angedeuteten Stadt. Dieser hintere Teil ist mit Halbrelief-Gebäuden so gestaltet, dass die Seitenwand des Raumes verdeckt wird.

Die Hochbauten der Anlage sind vorwiegend Gebäude aus dem Bahnbetrieb. Die gestalterischen Möglichkeiten, die die zwei Ebenen in den Bahnhöfen bieten, werden durch die Empfangsgebäude der Bahnhöfe geschickt genutzt. Das Empfangsgebäude „Monheim" verbindet eine Straße und die Gleise des Kopfbahnhofs auf dem unteren Niveau mit der höher gelegenen Ringstrecke. Die Straßenseite des Gebäudes ist 120 cm lang, 45 cm hoch und 50 cm tief. Das Empfangsgebäude „Höchstadt" und die direkt anschließende Post verbinden die hoch gelegene Straße mit den tiefer liegenden, 270 cm langen Bahnsteigen. Beide Gebäude sind mit 170 cm Gesamtlänge und 50 cm Höhe nicht gerade klein.

Aber auch Dampfloks kommen zum Einsatz – im Rahmen eines „Museumseisenbahnvereins“!

Anlagen-Steckbrief

Nenngröße:	0
Baumaßstab:	1:43,5
Anlagengröße:	6,5 x 7,5 m
Thema:	Zwei Kopfbahnhöfe mit Ringstrecke
Rollmaterial:	alle 0-Hersteller
Gleismaterial:	Kesselbauer, Repa, Hegob
Epoche:	IV und V

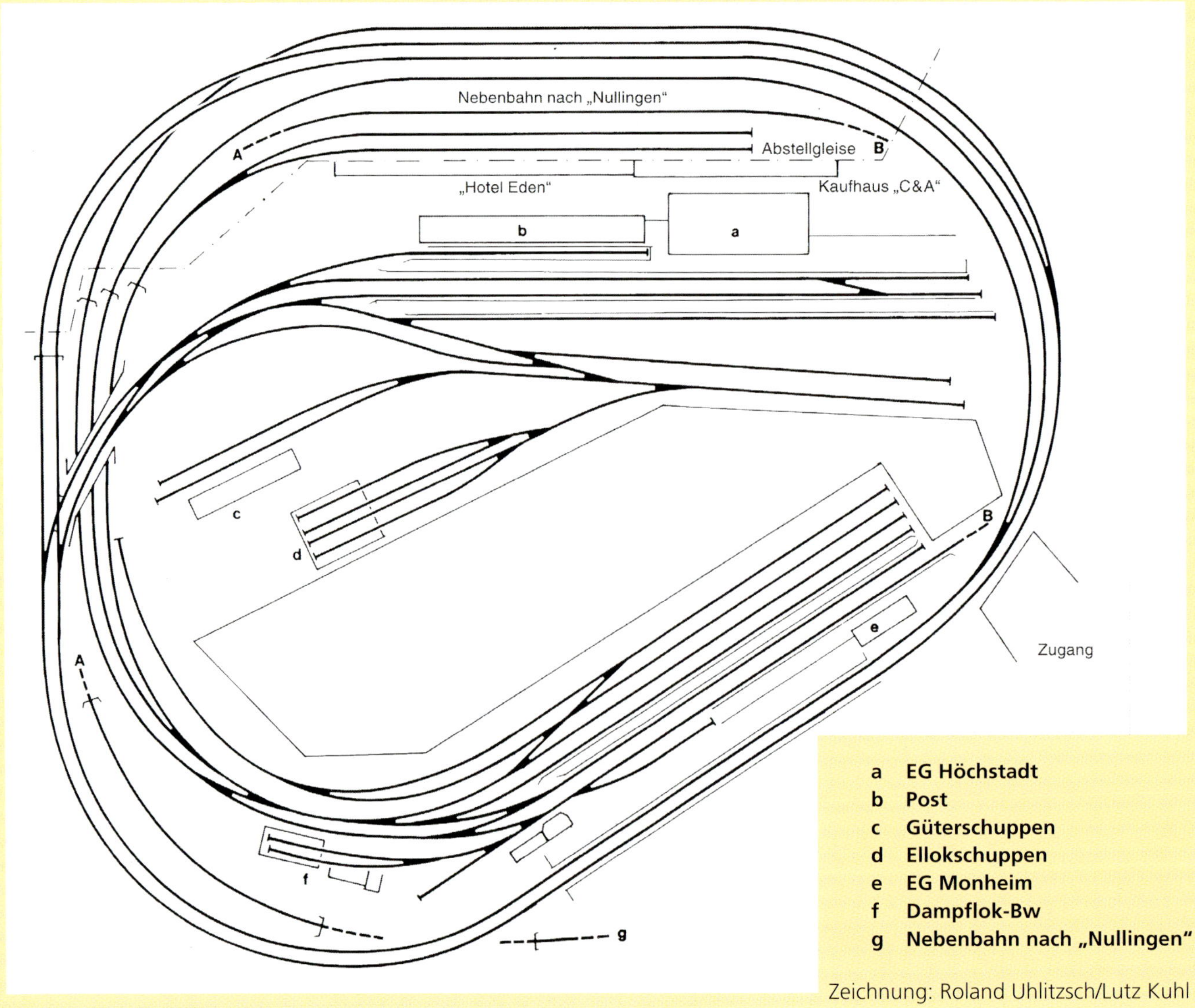

a EG Höchstadt
b Post
c Güterschuppen
d Ellokschuppen
e EG Monheim
f Dampflok-Bw
g Nebenbahn nach „Nullingen“

Zeichnung: Roland Uhlitzsch/Lutz Kuhl

H0m

1:87

12 mm

Harzbahn-Tour

Fotos: Martin Knaden/Gerhard Peter

Malletlok 99 5906 fährt am Stellwerk Wernigerode-Westerntor vorbei.

Die schmalspurige, touristisch interessante Strecke vom Hauptbahnhof Wernigerode bis Drei-Annen-Hohne der 100-jährigen Harzquer- und Brockenbahn ist Thema dieser Clubanlage. Der Modelleisenbahnclub „Harzquer- und Brockenbahn" Wernigerode e.V. wurde 1954 als eine Arbeitsgemeinschaft des Kreiskulturhauses Wernigerode gegründet, 1961 gehörte diese AG zu den Mitbegründern des Deutschen Modelleisenbahn Verbandes der DDR (DMV) und führte bis zur Umwandlung in einen „e.V." den Namen AG 7/1 „Harzquerbahn" des DMV. Der heutige Name ist auch zugleich Programm. Denn die auf der Intermodellbau 1998 vorgestellte Clubanlage ist inzwischen schon die dritte Ausführung einer weitgehend originalen Nachbildung des großen Vorbildes.

Die Clubanlage gibt den Streckenabschnitt der Harzquerbahn vom Wernigeröder Hauptbahnhof bis zum Bahnhof Drei-Annen-Hohne mit Gleisen in Spurweite H0m wieder. Der Darstellungszeitraum liegt in den Jahren zwischen 1970 und 1980. Da sich die Anlage in einer umfassenden

Viel Atmosphäre vermittelt der Fachwerk-Lokschuppen im Betriebswerk Wernigerode-Westerntor.

Die Dieseltraktion hat auch im Modell Einzug gehalten; das selbst beim Vorbild „hochbeinige" Harzkamel zieht einen beachtlich langen Reisezug.

Rekonstruktion befindet, ist für Ausstellungszwecke bis jetzt nur der Abschnitt Wernigeröder Hauptbahnhof bis Steinerne Renne einschließlich Thumkuhlental verwendungsfähig: dieser Abschnitt ist bereits fertig gestellt. Die Bereiche der Bahnhöfe und Haltepunkte sind vom Gleisplan her (jedenfalls was Lage und Anordnung betrifft) annähernd identisch mit dem Vorbild, die zwischen den Bahnhöfen liegenden Streckenabschnitte sind dagegen mehr oder weniger stark verkürzt, wobei markante Gebäude, topografische Gegebenheiten, Wegübergänge usw. trotzdem dargestellt sind.

In Wernigerode geht's los

Ausgangspunkt ist der Hauptbahnhof Wernigerode, von diesem wird allerdings nur der Schmalspurbereich mit Bahnsteigen, Lokschuppen und Drehscheibe dargestellt. Sehen wir uns die auf der Anlage nachgebildete Streckenführung einmal näher an!

Nach Ausfahrt aus dem Hauptbahnhof wird nach kurzer Parallelfahrt zur normalspurigen Strecke Wernigerode–Ilsenburg die Fernstraße 6 (jetzt B 6) gekreuzt und nach Passieren des dortigen Sägewerkes der Bahnhof Wernigerode-Westerntor erreicht. Neben den Bahnhofsanlagen sind auch noch Teile des dort befindlichen Bw Westerntor dargestellt. Danach erreicht der Zug die Straßenkreuzung (F 244) am Westerntor, die mittig gekreuzt wird, um dann an der Musikschule vorbei, am „Stillen Wasser" entlang, gesäumt von Kleingärten, den Haltepunkt Kirchstraße zu

Im Schmalspur-Bw wird gerade die 1'E1'-Lok 99 247 auf der im Eigenbau entstandenen Drehscheibe gewendet.

Eine realistisch nachgestaltete Kabelbaustelle lockert den Streifen zwischen Straße und Bahnlinie auf.

erreichen. Direkt nach diesem Haltepunkt führen die Gleise im Straßenbereich dicht an den Häusern entlang, um dann die Leninstraße zu kreuzen und am Erholungsheim „Parkhaus" und der Süßwarenfabrik „Agenta" entlang zum Bahnhof Wernigerode-Hasserode zu führen.

Ab dem Bahnhof Hasserode verlässt die Strecke das Stadtgebiet und führt entlang der Holtemme zur markanten engen Kurve an der Steinernen Renne, um nach Passieren des dortigen Wasserkraftwerks den Haltepunkt Wernigerode-Steinerne Renne zu erreichen. Ab diesem Haltepunkt steigt und windet sich die Strecke in die Harzberge und quert dann als nächsten markanten Punkt das Thumkuhlental auf einem Damm. Nach Abschluss der Anlagen-Rekonstruktion wird die Strecke weiter nach Drei Annen-Hohne führen, wobei vorher noch ein Tunnel durchfahren wird.

Rekonstruktion nach 5 Jahren

Angefangen wurde mit dem Bau dieser Anlage im Januar 1988, sie war im Dezember 1989 fertig gestellt. Im Mai 1993 begann dann die Rekonstruktion, und zwar – vom Hauptbahnhof ausgehend – Anlagenteil für Anlagenteil. Als Gleismaterial wurde ausschließlich solches der Firma Pilz verwendet, wobei sich auch ein paar Weichen von Krüger „eingeschlichen" haben. Alle Weichen besitzen motorische Antriebe von Fulgurex. Die Entkuppler werden durch Postrelais aktiviert. Bei den Gebäuden handelt es sich hauptsächlich um Eigenbauten,

Viel Betrieb in Wernigerode-Westerntor! Neben den Behandlungsanlagen ist ausreichend Platz zum Abstellen kompletter Zuggarnituren.

Kleine Szenen wie die abgestellten Schneepflüge oder der beladene Rottenwagen beleben das Bw-Gelände.

Da momentan keine Lokomotive bekohlt werden muss, kann der beladene Flachwagen am Bansen abgestellt bleiben.

Der Güterzug überquert die Fernstraße 6, daneben das Areal des Sägewerks – dessen Anschlussgleis sorgt für Frachtaufkommen. Darüber hinaus jede Menge Gestaltungsdetails.

Bäume und Büsche auf der Ausstellungsanlage sind überwiegend selbst gebaut.

die an Hand von vorhandenen Zeichnungen oder durch Aufmessen vor Ort entstanden sind. Abseits der Strecke sind allerdings auch „frisierte“ handelsübliche Bausätze verwendet worden.

Zur Gestaltung des Geländes wurden vor allem Geländematten von Auhagen eingesetzt, die durch Streumaterialien diverser Hersteller noch verfeinert wurden. Für die Gestaltung von Felsen, Stützmauern und Bahnübergängen heißt das Zauberwort „Füllstoff“. Bäume und Sträucher wurden in der Mehrzahl selbst gebaut oder überarbeitet, daneben wurden auch einige Exemplare von Heki „gepflanzt“.

Bei den Triebfahrzeugen kommen auf der Anlage hauptsächlich handelsübliche Modelle (Weinert) zum Einsatz. Als Umbauten sind u.a. die Neubaumaschine 99 7235 und der Triebwagen T3 im Einsatz. Beim Wagenmaterial kommen neben diversen Umbauten (z.B. Traditionszug) vor allem Modelle der Firmen Herr

Trotz notwendiger Verkürzungen verstanden es die Erbauer, dem Betrachter eine Illusion von Weite zu vermitteln.

Die Ortsstraße in Wernigerode; auch das „Drumherum" neben der Bahnstrecke wurde realistisch und mit Einfühlungsvermögen nachgestaltet!

und Kehi in den (Modellbahn-) Umlauf.

Steuerung im 5-Mann-Betrieb

Die ganze Anlage wird per Hand gesteuert, jedwede Automatik ist hier verbannt. Die Clubanlage besitzt eine zentrale Stromversorgung, die verschiedene Spannungen in einer durchgehenden Sammelleitung unter den Anlagenteilen bereitstellt. Jedes Stellpult kann sich aus dieser Leitung mit den entsprechenden Spannungen versorgen. Als Fahrregler werden Nachbauten eines Bauplanes im „Modelleisenbahner" verwendet. Sämtliche Weichen, Signale und Trennstellen sind mit LED-Rückmeldeeinrichtungen versehen, die auf dem Stellpult angeordnet sind. Der Aufbau und die Bauweise der Stellpulte erlauben eine flexible Handlungsweise. Für die Bedienung und Betreuung der Anlage während des Ausstellungsbetriebs werden z.Zt. maximal fünf Mann gebraucht.

Unverkennbar – drei markante Motive von der Harzquer- und Brockenbahn, gekonnt auf H0-Größe umgesetzt: Links das Erholungsheim „Parkhaus“ …

… und unten der Blick in die Kirchstraße von Wernigerode.

Die verkehrsmäßig schwierige Straßenkreuzung Westerntor der Schmalspurbahn in Wernigerode

Diese Kleingärten liegen in der Nähe des Haltepunktes Kirchstraße; im Hintergrund fährt der Güterzug Richtung Drei-Annen-Hohne vorbei.

Anlagen-Steckbrief

Nenngröße:	H0m
Baumaßstab:	1:87
Anlagengröße:	Modulanlage
Thema:	Harzquerbahn
Rollmaterial:	Weinert, Herr, Kehi
Gleismaterial:	Pilz, Krüger
Epoche:	III

Z

1:220

6,5 mm

Großer Bahnhof für Z

Der Großvater von Frank Thiessenhusen war Oberlokführer bei der Deutschen Reichsbahn und so wurde dem Enkel das Interesse an der Eisenbahn praktisch mit in die Wiege gelegt. Den ersten Zug von Märklin in Spur 0 (damals übrigens noch mit Uhrwerk!) und das auf dem Teppich aufgebaute Gleisoval gab es bereits im Jahre 1949. Einige Jahre später war es dann schon eine elektrisch betriebene Märklin-H0-Eisenbahn, die bis zum 18. Lebensjahr weiter und weiter ausgebaut wurde, bis andere Interessen dazu führten, dass die Anlage verkauft wurde.

Nach Gründung einer Familie und dem Umzug in ein eigenes Haus war schließlich genug Raum vorhanden um eine neue, große Anlage zu installieren. Eine beruflich bedingte Veränderung brachte dann aber wieder beengtere Raumverhältnisse mit sich, die keine große Anlage zuließen. Da Frank Thiessenhusen aber nicht ohne Anlage nicht sein wollte, hat er sich den räumlichen Verhältnissen angepasst und entschieden eine Z-Anlage zu bauen. Von den Abstrichen bei der Vorbildtreue und den begrenzten Möglichkeiten des im Handel erhältlichen Zubehörs einmal abgesehen, hat ihn fasziniert, was in dieser kleinen Baugröße an Detailtreue möglich ist und dass bei entsprechender Pflege des Gleiskörpers sogar ein annehmbarer Zugbetrieb einrichtbar ist.

Den Anlagenentwurf von Rolf Knipper in MIBA 4/85 baute Frank Thiessenhusen weitgehend identisch in gut zwei Jahren auf einer Fläche von 2,0 x 0,5 m nach.

Blick auf den rechten Anlagenteil, wo u.a. ein Betriebswerk mit Rechteckschuppen, Bekohlung usw. untergebracht ist.

Fotos: Lutz Kuhl

Thema der Anlage ist das Gleisvorfeld eines – jedenfalls für Modellbahnverhältnisse – größeren Bahnhofs (unten).

Güterverladung auf der oberen Ebene; die eigentliche Fabrik ist „nur" auf der Hintergrundkulisse (MZZ) vorhanden.

Das Stadtviertel hinter dem Bahnhof liegt höher und verdeckt die Abstellgleise.

CAPITOL

NEUBURG

„Auf Gleis 4 hat Einfahrt der Nahverkehrszug aus …" Der Gleisplan der Z-Anlage entspricht ziemlich genau dem Entwurf von Rolf Knipper in Heft 4/85 (oder Plan 41 in der MIBA-Broschüre „88 Gleisplanvorschläge" für Modelleisenbahner).
Viel Betrieb im Bahnhof (links oben): Innerhalb der großen, selbst gebauten Bahnsteighalle werden die Züge im Bogen nach hinten geleitet, wo unterhalb der Stützmauer die verdeckten Abstellgleise des Schattenbahnhofs angeordnet sind.

Vorbildgerecht großzügig wirkt das Gleisvorfeld des Z-Bahnhofs.

Bei den Stadthäusern stehen Bausatzmodelle und komplette Selbstbauten nebeneinander.

Die Brücke stellt keine Verbindung zwischen der oberen Industriebahn und den Bahnhofsgleisen her, sie hat lediglich eine optische Funktion.

Der rechte Anlagenteil wirkt durch seine großzügige Gestaltung; die relativ langen Aufstellgleise lassen auch das Abstellen ganzer Reisezugwagengarnituren zu.

Die typische Eisenbahnersiedlung hinter dem Betriebswerk trägt sicher sehr zur „echten" Atmosphäre bei, die die Anlage ausstrahlt.

Da für einen störungsfreien Fahrbetrieb auf einer Z-Anlage Staubfreiheit oberstes Gebot ist, hat der Erbauer auf die mit Holzleisten verstärkte Grundplatte aus 10-mm-Sperrholz einen Kasten gebaut, dessen Deckel und Vorderwand abnehmbar sind, sodass die ganze Anlage offen vor einem liegt. Der gesamte Kasten steht auf fünf mit Rollen versehenen Beinen, sodass er aus der Ecke gerollt werden kann und dann von allen Seiten zugänglich ist.

Die Bahnhofshalle, der zweiteilige, höher gelegene Stadtteil sowie auch der Lokschuppen sind abnehmbar, sodass auch in den verdeckten Anlagenteil bei Bedarf leicht eingegriffen werden kann.

Da das handelsübliche Angebot an Gebäuden begrenzt ist, wurden viele Häuser selber gebaut oder aus Bausätzen umgewandelt. So sind z.B.

die Bahnhofshalle, der Lokschuppen, das Kino und vier weitere Häuser, das Abbruchgebäude mitsamt dem Bagger im Eigenbau (aus Balsaholz) entstanden.

Improvisation schafft Vielfalt

Die zahlreichen Straßenlaternen entstanden aus gebogenen Nägeln, an die am Ende, nachdem die Nagelköpfe abgekniffen waren, weiße Stecknadelköpfe angelötet wurden. Anschließend hat die Laterne einen grauen Anstrich erhalten.

Das Bahnhofsgebäude von Kibri wurde um einen Verbindungstrakt verkürzt; der eine Außentrakt, der übrig war, konnte als Verwaltungsgebäude für das Betriebswerk umfunktioniert werden.

Die Gleise wurden in Schotter von Busch verlegt, die freie Fläche dazwischen sowie die Weichen- und Signalantriebe wurden farblich nachbehandelt. Auf eine farbliche Behandlung der Schienen wurde aus Gründen des sicheren Fahrbetriebs verzichtet.

Das Gelände wurde mit Grasmatten gestaltet, Bäume entstanden im Selbstbau aus Islandmoos. Abgerundet wird der optische Eindruck der Anlage mit einer Kulisse, die aus Kulissenmaterial von MZZ zusammengestellt ist.

Der elektrische Teil wurde bewusst einfach gehalten. Fahrbetrieb erfolgt nur über ein Fahrgerät, da auf dieser Anlage ohnehin überwiegend Rangierbetrieb vorgesehen ist. Nichts ist automatisiert, gefahren wird im sichtbaren Bereich nach Sicht und im verdeckten Bereich „nach Gehör".

Frank Thiessenhusen glaubt mit dem Bau seiner Anlage anschaulich dargestellt zu haben, dass auch in der Nenngröße Z eine weitgehend vorbildgerechte Anlage gestaltet werden kann. Neue Anlagenpläne sind auch schon fertig: Diesmal soll es eine Modulanlage mit einer Aneinanderreihung von Dioramen mit ganz unterschiedlichen Themen werden.

Anlagen-Steckbrief

Nenngröße:	**Z**
Baumaßstab:	**1:220**
Anlagengröße:	**2,0 x 0,5 m**
Thema:	**mittelgroßer Bahnhof in städtischem Umfeld**
Rollmaterial:	**Märklin**
Gleismaterial:	**Märklin**
Epoche:	**IV**

H0

1:87

16,5 mm

Bf Schöndorf in H0

Oben passiert die P8 gerade den Bahnübergang an der rechten Bahnhofseinfahrt.

Der Bahnhof „Schöndorf" in H0 stellt das Ergebnis der Modellbahn-Erfahrungen vieler Jahre dar. Der Erbauer, George Pennells, begann mit der Modellbahnerei im Alter von zehn Jahren mit einer Startpackung. Nach zahlreichen Frustrationen mit dem Gleismaterial, der Maßstäblichkeit von diversem Zubehör (z.B. Straßenfahrzeuge) und ungeeignetem Unterbau kamen die Teenager-Jahre und die Interessen verlagerten sich alterstypisch. Doch Mr Pennells kehrte bald wieder zur Modellbahn zurück.

Die Modellbahnwelt erschloss sich ihm völlig neu. Nachdem er feststellen musste, dass es viele „Nietenzähler" in der englischen Modellbahnszene gab, wollte er da nicht dazugehören. Er erinnerte sich an seine Ferienzeit als Teenager, als er mit dampfgeführten Zügen kreuz und quer durch Nordfrankreich und Deutschland unterwegs war. Ein dreidimensionales Bild dieser Erinnerungen wollte er bauen und so konzentrierte er sich schließlich auf die DB in den Sechzigern!

Zunächst wurde ein Plan aufgestellt, der den beabsichtigten Gleisverlauf darstellte, wie auch die wichtigsten Gegebenheiten der Umgebung. Aber Mr Pennells war damit noch nicht zufrieden: Um die Glaubhaftigkeit des Entwurfs und – später – des ganzen Betriebs zu stützen musste eine Erklärung dafür her, zu welchem Zweck die Bahn gerade hier gebaut wurde. So entstand neben dem eigentlichen Gleisplan auch noch eine – in sich möglichst schlüssige – Geschichte über den Bahnbau, wo die Strecke herkommt, wo sie hinführt, den Aufstieg des Marktfleckens „Schöndorf" zu einer kleinen Stadt, die Entwicklung der Verkehrsströme von und nach „Schöndorf" usw.

Geografisch siedelte George Pennells sein fiktives Städtchen „Schöndorf" ca. 22 km westlich von Weilheim an; 1895, so gibt er an, kam die Eisenbahn in Form einer von Weilheim ausgehenden Nebenbahnlinie nach „Schöndorf", etwa um 1900 folgte dann die Lokalbahn nach „Auertal" und „Halblechtal" und erst in den Dreißigerjahren entschloss man sich die Bahnlinie von Weilheim her auf Hauptbahnstandard auszubauen und gleichzeitig in Richtung Biessenhofen zu verlängern; diese neue Strecke konnte dann sogar, so die Überlegung, als Ausweichroute für die stark belastete Hauptbahn München–Kempten benutzt werden.

Auch zu den Notwendigkeiten des Güterverkehrs und der Reisezugverbindungen machte sich der Erbauer Gedanken: Zum Beispiel sind landwirtschaftliche Güter, die von der Lokalbahn kommen, in „Schöndorf" zu sammeln und nach Weilheim abzufahren, die Pendlerströme orientieren sich ebenfalls nach Weilheim, z.T. aber auch nach Markt Oberdorf. Die Abstellgleise von „Schöndorf" werden immer wieder für die zeitweilige Hinterstellung von seltenen Fahrzeugen benutzt, die vom Modellbahnfotografen bequem abzulichten sind.

Bahnhof und Wohnhäuser sind im Fachwerkstil gehalten, alle Gleise entstanden im Selbstbau.

Fotos: Peco Studios, Wiedergabe mit freundlicher Genehmigung der Zeitschrift „Continental Modeller“

Typisch süddeutsches Ambiente wollte der Erbauer, George Pennells, auf seiner H0-Anlage einfangen. Das imaginäre Städtchen heißt „Schöndorf“ und liegt in Oberbayern.

Die Güterabfertigung wurde (angenommenermaßen) in den Dreißigerjahren neu erbaut um dem gestiegenen Verkehrsaufkommen gerecht zu werden.

Der kleine Lokschuppen hat nur lokale Bedeutung; er liegt zwischen den beiden Ausfahrten der Hauptbahn (Tunnelportal vorn, mit Lokomotive) und der Nebenbahn (hinten).

Diese Anlage sollte realistisch aussehende Gleise bekommen, jedenfalls da, wo man die Gleise sehen kann. Das bedeutete, dass George Pennells sich zum Selbstbau entschließen musste. Es wurden Peco-Code-75-Schienenprofile auf kupferkaschierte Schwellen gelötet. Ein großer Vorteil des Gleisselbstbaus ist, dass man Weichen dort einplanen kann, wo man sie hinhaben will, und nicht dort, wo sie wegen des festgelegten Abzweigwinkels einer handelsüblichen Weiche hinkommen müssen.

Mit ein bisschen Praxis ist individueller Weichenbau gar nicht so schwierig. Sehr gut eignen sich kurze Messingstifte als Gelenke für die Zungen, denn sie lassen sich viel besser löten als z. B. Stahlstecknadeln, die von der Größe her ebenfalls in Frage kämen.

Für ein realistisches Aussehen der Gleislage ist es wichtig, dass die Schienen keinen Knick aufweisen. Wer jedoch mit den Augen direkt auf Schienenhöhe am entstehenden Gleis entlangpeilt, kann auch sicherstellen, dass das Gleis „fließt"; das gilt sogar noch in besonderem Maße für den Bau der Weichen! Beim Gleisbau darf man keine Kompromisse eingehen, denn die Qualität der Arbeit garantiert später im Betrieb exzellente Fahreigenschaften. Auf Code-75-Gleis gibt es keine Probleme mit handelsüblichen Großserien-Lokomotiven, lediglich die Lage der Radlenker sollte etwas angepasst werden, damit die Räder dieser Loks nicht zwängen.

Bei verdecktem Gleis wurde Peco-Code-100-Flexgleis verlegt, das nur festgepinnt wurde und gegebenenfalls wieder verwendet werden kann. Zur Gleisreinigung kam bei dieser Anlage kein Schienenreinigungsgummi mehr zum Einsatz, sondern ein mit Feuerzeugbenzin getränktes Leinentuch. Mit dieser Methode wurden die Schienenköpfe regelrecht poliert.

Jedes Grundplattenelement ist unabhängig von den anderen verdrahtet, sodass es auch alleine betrieben werden kann. Das Steuerpult ist mit jedem der Module durch ein (oder auch mehrere) 25fach-Kabel verbunden, solche Mehrfachkabel gibt es billig im Elektronic-Shop.

Absolut notwendig ist ein aktuelles Verdrahtungsdiagramm, auf dem auch wirklich jeder Kontakt verzeichnet ist. Gute Lötverbindungen und gute Isolation sind wichtig für die

In der Epoche 3 ist sie noch vorhanden: die Bahnsteigsperre. Ansonsten dominieren auf dem ländlichen Bahnhof die Güterwagen und ein Schienenbus.

An den Ausfahrten links beim Lokschuppen sind kurze Abstellgleise, z.B. für Personenwagengarnituren vorhanden. Der See im Hintergrund entstand aus Gießharz.

Blick über den Bahnhof auf den passenden Hintergrund im alpenländischen Stil (Vollmer)

Der Personenwagen auf dem Bild links dient wohl als Aufenthaltsraum für das Güterbodenpersonal.

Rechts: Bahnhof und Ort „Schöndorf"; hinter der Kulisse verbergen sich die Abstellgleise und die Kehrschleife für die Nebenbahn.

Eine wirkungsvolle Aufnahme des realistisch gestalteten Bahnübergangs.

Unten: Den vorderen Abschluß des Bahnhofs bildet eine aufwendig gestaltete Stützmauer.

Verlässlichkeit der Verdrahtung: Zeit, die man auf diesem Gebiet aufwendet, ist gut angelegt.

Die Gebäudemodelle auf der Anlage „Schöndorf“ stammen aus Bausätzen, wobei die Maßstabsunterschiede häufig beträchtlich sind! Die Gebäudemodelle mussten also sorgfältig ausgewählt werden. Der Erbauer machte sich die Maßstabsunterschiede sogar zu Nutze, indem er größere H0-Bauten im Vordergrund anordnete, kleinere wurden dagegen in den Mittelgrund „verbannt“, ganz hinten kamen dann N-Häuschen zum Einsatz. Auf diese Weise bekam die Anlage optisch mehr Tiefe. Die meisten Gebäude sind zu Gunsten leichter Pflege abnehmbar.

Viel Zeit wurde auf die landschaftliche Ausgestaltung der Anlage verwendet, einige Partien harren immer noch der Vollendung. Die größte Herausforderung stellte die Stützmauer im Vordergrund dar. Nach mehreren Versuchen mit Plastikplatten führte auch hier Selbstbau zum Erfolg – ein Überzug mit verschiedenen Wasserfarben sorgt letztlich für die optische Tiefe. Der See entstand mit Gießharz.

Unzufrieden ist George Pennells mit der Hintergrundkulisse. Er benötigte drei Teile des Vollmer-Hintergrundes „Schongau“, der zum Anlagenthema passt.

Abgesehen von einem kleinen Landschaftsstück im Vordergrund ist die Anlage „Schöndorf“ fertig. Eine Erweiterungsmöglichkeit wäre noch im rechten Teil gegeben. Hier könnte die Rechteckanlage zu einer in L-Form ausgeweitet werden, was bis jetzt allerdings an der Platzfrage scheitert. Aber George Pennells liebäugelt nach eigenen Angaben ohnehin eher mit einem Neuanfang – sei es mit Spur 0 oder 1, oder auch mit Live Steam im Garten.

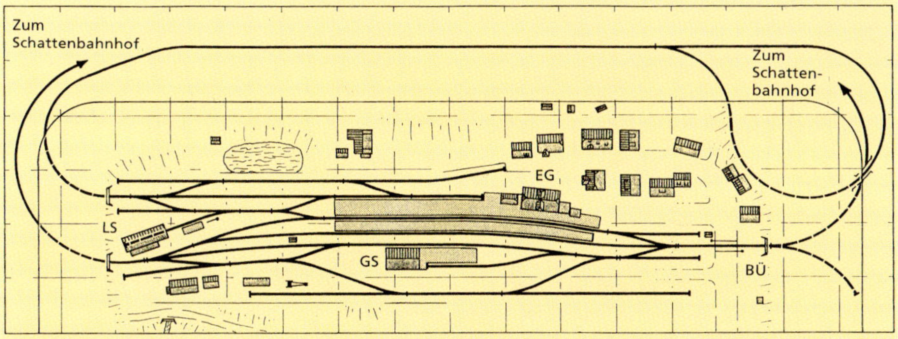

Der Gleisplan der Rechteckanlage im ungefähren Zeichnungsmaßstab 1:40.

Es bedeuten:
LS = Lokschuppen, GS = Güterschuppen,
EG = Empfangsgebäude, BÜ = Bahnübergang

Anlagen-Steckbrief

Nenngröße:	**H0**
Baumaßstab:	**1:87**
Anlagengröße:	**4,6 x 1,7 m**
Thema:	**Bahnhof an einer Nebenstrecke**
Rollmaterial:	**alle H0-Fahrzeug-Hersteller**
Gleismaterial:	**Peco Code 75**
Epoche:	**III**

1

1:32

45 mm

Königsspur im Oval

Fast 60 Jahre und kein bisschen weise oder so ähnlich lautet sicherlich das Urteil einiger Nichteisenbahner oder auch die Meinung des Großteils der Damenwelt nach dem Besuch der Spur-1-Anlage von Hans-Peter Saller. „Erleuchteten“ Modelleisenbahnern hingegen kann man es – allein schon am Strahlen in ihren Augen – ansehen, dass ihnen die Anlage gefällt.

Wie fast alle Buben, hegte auch Hans-Peter Saller zunächst den Wunsch: „Wenn ich groß bin, werde ich Lokomotivführer“. Das resultierte daraus, dass er in Kempten in der Nähe des Bahnhofs wohnte und sich viel in dessen Nähe herumtrieb. Mit der Zeit lernte er dabei auch einige Lokführer kennen und durfte „an guten Tagen“ – Kempten war ja damals noch ein Sackbahnhof – manchmal mit der Münchner S 3/6 auf die Drehscheibe fahren um die Lok zu wenden, bevor sie die Weiterfahrt nach Lindau antrat.

In dieser Zeit besaß Hans-Peter Saller zusammen mit seinem Cousin eine Spur-0-Uhrwerkseisenbahn (Märklin), mit der beide viel „Betrieb machten“. Später wurde dann mit H0 begonnen. Es entstand eine Anlage auf einer Platte mit Landschaft, die sehr oft verändert wurde und mit zunehmenden handwerklichen Fähigkeiten wuchs. Dann erbaute er eine große Anlage für seinen Hausarzt, der seine Modelleisenbahn nach Feierabend zur Entspannung nutzen wollte. Der Arzt besaß viel Material und Hans-Peter Saller machte das Bauen großen Spaß, zumal er dabei noch ein paar Mark verdiente.

Als der Ernst des Lebens begann, hieß es: arbeiten. Das Geld war sehr knapp. Also erlernte Hans-Peter Saller nicht den Beruf des Lokführers, sondern den des Zimmermanns. Die

Begegnung am Bahnübergang: Die BR 56.2 ist ein Eigenbau, der Schwerkleinwagen stammt von Hübner.

An der Stahlträgerbrücke (gebaut von einem Freund des Verfassers in ca. 100 Stunden) begegnet die E 44.5 (gebaut von E. Horner) einer V 200 (Bennecken) mit Ganzzug (rechts).

Fotos: Lutz Kuhl

Die S 2/6 von Fulgurex beim Verlassen des Bahnhofs, sie passiert gerade das Reiterstellwerk (Märklin), im Hintergrund ein Holzzug zum Sägewerk.

Eisenbahn wanderte auf den Dachboden, er hatte dafür keine Zeit mehr und andere Sachen schwirrten auch im Kopf herum. Als seine Tochter 4 Jahre alt war, traktierte sie ihn immer wieder mit dem Wunsch nach einer Eisenbahn. Durch Beharrlichkeit brachte sie ihren Vater dazu, die alte H0-Anlage vom Speicher zu holen. Bei dem Versuch, die Anlage wieder auf Vordermann zu bringen, „unterstützte" das kleine Mädchen ihren Vater natürlich ständig. Alsbald war die Sache zu klein. Vor Weihnachten begab sich Vater Saller zu einem Spielwarenhändler und erstand ein Gleisoval in Spur 1 mit Weiche, Prellbock, einer Märklin-80er und drei Wagen. Vater und Tochter verbrachten die gesamten Weihnachtstage auf dem Fußboden liegend vor der Modellbahn. Sie hatten kaum noch Lust zum Essen oder auf andere familiäre Verpflichtungen, heißt es.

Zwischenzeitlich hatte Hans-Peter Saller ein eigenes Haus gebaut und eine Firma gegründet. Als das Haus fertig war, wurde die obere Diele für die immer größer gewordene Eisenbahn beschlagnahmt. Als auch noch das Bügelzimmer vereinnahmt wurde, war der häusliche Frieden in Gefahr. Auch befriedigte die Anlage auf dem Fußboden nicht mehr.

Was also tun? Man braucht einfach mehr Platz! Ergo – der Ruf wurde laut nach einem eigenen Eisenbahnzimmer. Bald stand ein Anbau mit 100 m^2 zu Verfügung. Vater Saller träumte schon von riesigen Bahnhöfen, Brücken, Bergen usw. Doch bei

intensiverem Nachdenken stellte sich schnell Ernüchterung ein. Denn so groß ist der zur Verfügung stehende Platz für eine Spur-1-Anlage eigentlich auch wieder nicht. Mittlerweile hatte er seinen Freund Jo kennen gelernt, der auch Spur-1-Anhänger war. Also planten sie zusammen. Ihre Vorgaben waren:

- Große Radien
- Fahren mit Originalkupplungen
- Die Anlage sollte zerlegbar sein um damit auch mal auf eine Ausstellung gehen zu können.

Und ... nach einigen Wochen der Planung im Maßstab 1:1 (für Spur 1) kam Folgendes heraus: Ein zweigleisiges Oval mit 4 Bahnhofsgleisen, ein Umfahrgleis, gegenüber dem Bahnhof eine elegante Gegenkurve mit einer Stahlträgerbrücke, einem Bahnübergang, des Weiteren ein kleines Bw und 4 Abstellgleise. Später kam noch ein dreigleisiges Heizhaus hinzu.

Dann fing man an die Gleise zu verlegen. Zuvor wurden Schienen in 1-m-Stücken und Kunststoffschwellen erstanden. Die Schienen brachten beide mit einer selbst konstruierten Biegemaschine in die richtige Form. Selbstverständlich sind die Kurven überhöht. Im Anschluß daran bauten sie die Weichen. Bei Schullern wurden Holzschwellen, Schienenstühle und Gleitplatten gekauft. Um möglichst naturgetreu zu sein konstruierte man die Zungen ohne Gelenk, mit einem motorischen Antrieb – auch eine Eigenkonstruktion, da damals nichts mit ausreichendem Stellweg im Handel war. Diese Arbeit nahm schon einige Monate in Anspruch. Pro Weiche wurden immerhin 8 – 10 Stunden benötigt, und das bei 21 Stück!

Danach wurde die ganze Angelegenheit elektrifiziert. Um eine gute Stromversorgung zu erreichen kamen Kabel mit 1,5 mm^2 Querschnitt und Trafos mit 15 A Leistung, für Schaltstrom und Beleuchtung vieladrige Kabel mit einem Querschnitt von 0,8 mm^2 zum Einsatz. Der ganze Kabelsalat endet in einem selbst gebauten Stellpult, das um die ganze Anlage bewegt werden kann. Der Kabelbaum ist mit großen Alusteckern (bis 24-polig aus dem Industriebereich) mit der Anlage verbunden und in wenigen Minuten demontierbar.

Für den Fahrbetrieb steht eine Salota-Mehrzugsteuerung zur Verfügung, in die Loks sind Decoder eingebaut. Das Ganze ist von Gleich- auf Wechselstrom umschaltbar, wenn's sein muss, auch nur teilweise. Dies hat sich als sehr praktisch erwiesen,

Links: Märklins 38er steht abfahrbereit am Bahnsteig, dahinter ein bayerischer Schnellzug. Oben eine E 91 mit Kesselwagenzug, unten die württ. C (gebaut von H. Ellinger) als Vorspann vor 38 (Umbau), ganz unten 85 und E 44.5 (beide von E. Horner gebaut) an der Bahnhofsausfahrt, vorn ein echt Allgäuer „Pschüttfass".

Anlagen-Steckbrief

Nenngröße:	1
Baumaßstab:	1:32
Anlagengröße:	11,0 x 8,0 m
Thema:	zweigleisige Ringstrecke mit Bahnhof und Bw
Rollmaterial:	Märklin, M & L, Fulgurex, Spring, Muschalek, Bennecken, Selbstbau
Gleismaterial:	Selbstbau (Schullern-Profile)
Epoche:	III

Links hat die Märklin-55 gerade Wasser genommen und setzt sich vor den Zug. Im Vordergrund wartet eine Köf (von Muschalek) auf eine Rangieraufgabe, im Hintergrund stehen eine 38 und eine württembergische C (als Vorspann) abfahrbereit vor einem Schnellzug. Dagegen ist die 78 von Märklin kalt abgestellt.

Links unten schließlich noch eine kleine Rangierszene mit der Köf.

Unten ein Blick auf das Bw, vor der Bekohlung ein selbst gebauter Klimaschneepflug, davor 212 und 80 (Märklin) und wieder eine Köf.

da öfter mal Besuch kommt, vor allem Freunde aus München oder Hagen, die sofort und problemlos mit ihren mitgebrachten Zügen auf der Saller'schen Anlage fahren können.

Die Landschaft besteht aus Styropor, Fliegendraht, Gips und Woodland-Streumaterial. Bäume und Büsche entstanden aus gesammelten Naturmaterialien mit Blättern und Beflockung von unterschiedlichen Herstellern. Auf diesem Gebiet wurden viele Experimente, auch von Sallers Freunden, gemacht. Einige Gebäude sind Eigenbauten, das Reiterstellwerk, der Lokschuppen und der Wasserturm stammen von Märklin, ein Bahnhofsgebäude ist zurzeit noch im Bau.

Die Figuren sind zum Teil handbemalte Rohlinge oder sie stammen von Preiser bzw. Marliet. An Straßenfahrzeugen stehen Fertigmodelle diverser Hersteller zur Verfügung, außerdem kamen noch einige aus Bausätzen entstandene Modelle zum Einsatz. Unter den Schienenfahrzeugen gibt es viele von Saller oder seinen Freunden angefertigte Eigenbauten.

Gefahren wird nur nach Lust und Laune: Viel Echtdampf oder Rangierbetrieb, einige Rangierloks haben fernbedienbare Kupplungen (ebenfalls Eigenbau, versteht sich!). So ist Fahrvergnügen pur gewährleistet.

N

1:160

9 mm

Die Schieferbahn

Eigentlich hatte Manfred Kölsch das Thema Eisenbahn nach seinem letzten Umzug abgeschlossen, nach 37 Jahren mehr oder minder intensiver Beschäftigung mit der Nenngröße H0. Die umfangreiche Märklin-Bahn mit einer zeitlichen Spannweite von 1952 bis 1988 war verkauft und er wollte sich ausschließlich seinen anderen Hobbys zuwenden.

Der Vorsatz hielt knapp zwei Jahre und endete mit dem „probeweisen" Kauf einer Anfangspackung in Spurweite N. Die spontane Begeisterung seiner Familie – „endlich wissen wir wieder, was wir dir schenken können" – und die unerwartet guten Fahreigenschaften führten ohne Inkubationszeit zur erneuten Infektion mit dem im Grunde ja gutmütigen „Bazillus mibanicus".

Das Ergebnis der etwa einjährigen Anlagenbauzeit ist vielleicht auch für andere eilige und platzbeschränkte

Fotos: Dipl.-Ing. Manfred Kölsch

Modellbahner interessant. Die Auslegung weicht von häufig gesehenen, kleinen Anlagen ab, bei denen mehr Verkehr unter- als oberirdisch stattfindet. Manfred Kölsch wollte die Vorteile der N-Spur mit langen Zügen auf eleganter Streckenführung ausnutzen. Weitere Erfahrungen oder Wünsche aus der Vergangenheit waren ebenfalls zu berücksichtigen:

- Viel Landschaft, wenig Gebäude
- Doppelgleisige Streckenführung für Begegnungsverkehr
- Kein großer Bahnhof zu Lasten der Fahrstrecke
- Keine Oberleitung
- Keine unterirdischen Abstellanlagen (m. E. aufwändig und unfallträchtig!)

Auf einer imposanten Brücke führt die Paradestrecke über das Flusstal.

Der Tunnel verdeckt die 180°-Wende (mit engem Radius!).

Außerhalb des Bahnhof ergibt sich eine lange, doppelgleisige Fahrstrecke, die den Ausdruck „Paradestrecke“ voll und ganz verdient!

Betriebsmittelpunkt der Anlage ist der Bahnhof „Schiefern“.

Mehrere Anschluss- und Bw-Gleise im Bahnhof „Schiefern“ erlauben einen interessanten Betrieb. Die Bahnsteiggleise sind geschickt in den Bogen gelegt.

Der Bahnübergang findet sich in der hinteren Ecke (oben links auf dem Gleisplan).

Vorsätze sind gut, aber wie bringt man das mit einem 12-m²-Raum in Einklang? Neben der Bahn sind ein Schreibtisch, ein PC mit Drucker, ein Schrank, Bücherregale und die Stereoanlage unterzubringen.

Nach einigen Entwürfen kristallisierte sich eine einfache Streckenführung in Form einer doppelgleisigen Acht heraus, die die Wandlänge dieses kleinen Zimmers optimal ausnutzt.

Auf dem Gleisplan dominiert die doppelgleisige Hauptstrecke. Der Blick wird auf eine Brücke gelenkt, die ein tiefes Flusstal überspannt. Um eine imposante Höhe darstellen zu können plätschert der Fluss nach MIBA-Vorschlägen in einer „Hängeschlucht“. Das Wasser wurde mit handelsüblicher Folie dargestellt. Das Ergebnis kann sich durchaus sehen lassen, wenn Untergrund und Ränder gut gestaltet werden.

Hinter der Brücke steigt das Gelände an und zwingt die Bahnbauer zu einem Tunneldurchstich. Dieser verdeckt dann auch, welch glücklicher Zufall, den Kehrbogen, dessen anderes Ende an einer malerischen Schieferfelswand entlang einem Unterführungsbauwerk in Ziegelbauweise zustrebt. Den Schiefer hat Manfred Kölsch in handlichen Stücken in seiner Nähe gesammelt. Mit Spachtel zusammengefügt und farblich angepasst ist seine Wirkung überzeugend.

Bald wird die Einfahrt des kleinen Bahnhofs „Schiefern“ erreicht. Hier halten nur Personen- und Eilzüge, der Fernverkehr rauscht durch. Der Bahnhof bietet dennoch vier Durchfahrgleise und ein Stumpfgleis für den Schienenbus. Zusammen mit den Gleisen des Betriebswerks und der Fabrik ergeben sich ausreichende Fahr- und Rangiermöglichkeiten. Hier zweigt zusätzlich eine eingleisige Strecke ab, die verdeckt am Anlagenrand endet.

Die Stadt „Schiefern“ ist nicht sichtbar. Sie wird über eine Straße erreicht, die die Nebenstrecke auf einem niveaugleichen Bahnübergang überquert und dann zwischen Schieferfelsen entschwindet.

Von der links gelegenen Bahnhofsausfahrt aus passiert die Hauptstrecke das kleine Bahnbetriebswerk und wird, wieder nach MIBA-Vorschlag, durch aufragende Felsen in eine Kurve gezwungen, die vorne mit großem Radius beginnt. Der hintere Kurventeil ist durch eine Anhöhe verdeckt, sodass eine Schlucht entsteht, die den enger werdenden Radius dem Betrachterauge gnädig entzieht.

Hinter den bescheidenen Anlagen der Maschinenfabrik Kolb & Co steigt die Strecke an und überquert auf einer Flachträgerbrücke die Zufahrtsstraße zum Bahnhof, um dann mit einer Länge von fast vier Metern eine Paradestrecke zum Flusstal zu bilden. Den Anstieg hinter der Fabrik sollte zunächst in einen Tunnel führen. Dadurch wäre jedoch wertvolle Gleislänge für das Auge verloren gewesen. Bei der gewählten Lösung werden die Züge nun auf der Mitte der Steigungsstrecke wieder sichtbar. Sie verlassen dort die Schieferschlucht und streben schnaufend oder brummend der Paradestrecke zu. Dies sieht auf der Anlage durchaus harmonisch aus, bietet aber noch Raum für Verbesserungen.

„Schiefern“ liegt in sanft-hügeliger Mittelgebirgslandschaft. Nach den früheren Erfahrungen mit der offenen Rahmenkonstruktion wusste Manfred Kölsch nur zu gut, dass hier-

Der Schienenbus befährt hier die eingleisige Nebenstrecke, die allerdings stumpf am Anlagenrand endet.

Der Personenzug muss noch den Bahnübergang passieren, am Lokschuppen vorbei, und schon wird er am Bahnsteiggleis zum Stehen kommen.

Die Bedienungseinrichtungen für die Anlage sind in einem herausziehbaren Schubfach an der Vorderseite angeordnet. Beachtenswert der im weiten Bogen gebaute Bahnhof mit Empfangsgebäude in Insellage und die ausreichend breiten Bahnsteige!

für mehr Zeit nötig ist, als er opfern wollte. Daher nutzte er die Platten- und Styroporbauweise, die recht schnelle Fortschritte erlaubt und sich besonders bei der N-Spur mit ihren geringen Höhenmaßen anbietet. Diese Bauweise überzeugt, wenn es darum geht, mit geringem Aufwand natürlich wirkende Geländeunebenheiten anzulegen. Dazu genügt es beispielsweise, auf „Normal-Null" eine kleine Styroporplatte aufzukleben und mit einem Messer zu formen.

Wenn Manfred Kölsch liest, welche fahrplangesteuerten Fahrten auch auf kleinen Anlagen von MIBA-Lesern stattfinden, muss er schmunzeln. Bei ihm suchen sich die Züge ihren eigenen Fahrplan. Dazu dienen Aufenthaltsschalter mit Anfahr- und Bremsautomatik für die beiden Hauptgleise im Bahnhof, die wie die beiden Automatikfahrpulte aus Bausätzen der Firma Conrad entstanden.

Um zügige Querfahrten im Bahnhofsbereich zu erlauben wurde eine Schaltung gebaut, die auf Knopfdruck relaisgesteuert zwei oder drei normalerweise getrennt versorgte Stromabschnitte einem einzigen Fahrpult zugeordnet. Damit entfällt bei stromkreisüberschreitenden Rangierfahrten die Richtungs- und Geschwindigkeitsanpassung bei den „übernehmenden" Fahrpulten.

Die Signale erlauben Durchfahrten entgegen der Fahrtrichtung bei geschlossenem Signal. Der Nachteil dabei ist normalerweise, dass am Signal abgestellte Züge rückwärts losfahren können, wenn im Stromkreis rangiert wird. Loks im Halteabschnitt eines Aufenthalts- oder Bremsbausteins fahren dabei ebenfalls langsam, aber ungewollt los. Das wurde

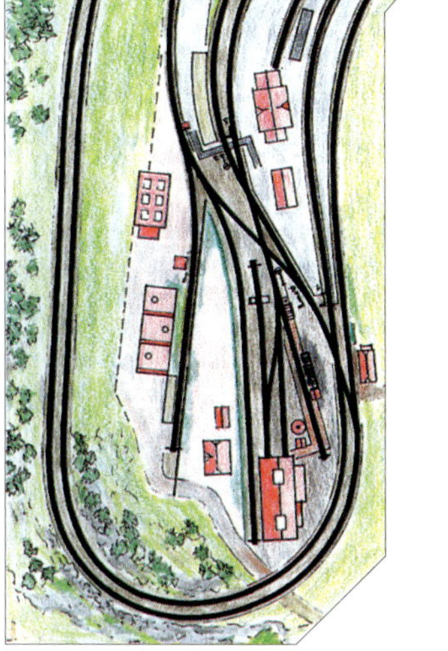

Gleisplan der „Schieferbahn" im Maßstab 1:22

Der TEE dürfte wohl im Bahnhof „Schiefern" ohne Halt durchfahren. Die Stützmauer ist mittels einiger Arkaden aufgelockert.

Nochmals die im Bogen liegende Bahnhofsausfahrt mit dem Bahnübergang. Der Schienenbus verlässt gerade den Bahnhof.

Anlagen-Steckbrief

Nenngröße:	**N**
Baumaßstab:	**1:160**
Anlagengröße:	**4,1 x 1,9 m**
Thema:	**doppelgleisige Hauptstrecke in Mittelgebirgslandschaft**
Rollmaterial:	**Roco, Fleischmann**
Gleismaterial:	**Arnold**
Epoche:	**III –IV**

durch eine dritte Schaltstellung der Signalbetätigung vermieden, bei welcher der Halteabschnitt per Zusatzrelais völlig abgeschaltet wird.

Das wäre es schon fast von der „Schieferbahn". Doch der Hauptgrund des Anlagenbaus, die Züge, sollen doch noch erwähnt werden. Themengemäß findet nur Dampf- und Dieseltraktion statt, und zwar fast ausschließlich in der Epoche 3. Die wenigen Ausnahmen der frühen Epoche 4 fallen da eigentlich kaum auf; sie waren ja auch in Wirklichkeit zeitgleich eingesetzt.

Das rollende Material ist ausnahmslos kurzgekuppelt. Dabei sind Roco-Personenzuggarnituren mit der Roco-KK untereinander verbunden, während an den Zugenden wie auch beim gesamten übrigen Rollmaterial die Fleischmann-KK nachgerüstet wurde.

„Abgesang"

Wie der Leser und Betrachter selbst feststellen kann, ist es kein großes Problem, eine fahrstreckenoptimierte N-Anlage von 3,5 m² mit ansprechender Landschaft in einem Mehrzweckraum von nur 12 m² unterzubringen. Der Bau geht schnell vonstatten, auch deshalb, weil man bei einer Anlagentiefe von höchstens 85 cm recht bequem arbeiten kann.

Bereits nach kurzer Zeit lässt sich das Ergebnis sehen und macht auch dann noch Spaß beim Zuschauen, wenn die Anhänger kleiner Rechteckanlagen (mit „Zugsichtzeiten" eher im Sekundenbereich) schon wieder auf Neubau sinnen. Auf denn, liebe Leser und Modellbahnbastler, rafft euch auf zum Anlagenbau!

H0

1:87

16,5 mm

Lokalbahn auf 1,5 m²

Eine Klappanlage ist selbst in einer Zweizimmerwohnung noch unterzubringen – dachte sich jedenfalls Paul Islinger. Entsprechend der sehr knappen Fläche, die zur Verfügung stand, musste er sich allerdings bei der Wahl des Anlagenthemas einige Beschränkungen auferlegen. Mehr als eine Nebenbahn war einfach nicht drin, aber gerade das macht ja häufig den Reiz einer Kleinstanlage aus.

Seit seiner Kinderzeit in den Sechzigern hatten sich allerlei Modellbahnfahrzeuge in Vitrinen angesammelt. Die letzte Jugendanlage wurde 1977 zerlegt. Seitdem lag für Probefahrten nur noch ein Stück Gleis auf dem Tisch, später stand wenigstens ein auf einem Sperrholzbrett montierter Schienenkreis zur Verfügung. Das konnte auf Dauer nicht befriedigen.

Eine fest aufgebaute H0-Anlage war in einer Zweizimmerwohnung nicht unterzubringen, aber eine kleine ungenutzte Fläche fand sich nach längerem Suchen doch. Neben der Balkontüre war eine Fensternische mit 1,05 m Breite und 0,3 m Tiefe. Ein kleiner, aber brauchbarer Platz für eine Klapp-Anlage. Um das Fenster nicht völlig zu verbauen durfte der Anlagenschrank nicht höher als 1,6 m werden, wodurch sich eine Anlagenhöhe von 1,5 m ergab. Die Breite der Fensternische ermöglichte, nach Abzug der Schrankwände, eine Anlagenbreite von 1,0 m, als Schranktiefe wurde 0,4 m gewählt.

Nun konnte auf dieser Fläche von 1,5 m² eine H0-Anlage geplant werden. Durch den geringen Platz stand als Thema von vornherein eine Nebenbahn (bayerische Lokalbahn in Epoche 2) fest. Ein kleiner Bahnhof, ein mehrgleisiger Schattenbahnhof und möglichst viel Strecke sollten Platz finden. Anfängliche Planungen mit einem Endbahnhof wurden wegen der kleinen Anlagenlänge sehr

Die Fahrstrecke führt über zwei Ebenen, was die Anlage eines verdeckten Abstellbahnhofs ermöglicht (oben); rechts die Bebauung hinter dem Bahnhof.

Fotos und Zeichnungen: Paul Islinger

Ein kleiner Durchgangsbahnhof ist der Betriebsmittelpunkt auf der Kleinstanlage – für einen Kopfbahnhof war einfach nicht genügend Platz.

Ein stimmungsvoller Abschied von der Lokalbahnanlage: das „Gasthaus zur Eisenbahn" in der Abenddämmerung.

Ein Eindruck von der ländlichen Umgebung des Bahnhöfchens. Der kleine Bauernhof ist höchst einfühlsam gestaltet.

Anlagen-Steckbrief

Nenngröße:	H0
Baumaßstab:	1:87
Anlagengröße:	1,45 x 1,05 m
Thema:	kleiner Bahnhof an eingleisiger bayerischer Lokalbahnstrecke,
Rollmaterial:	alle Hersteller von H0-Fahrzeugen
Gleismaterial:	Fleischmann-Profi-Gleis
Epoche:	II

bald aufgegeben; eine Kehrschleife fand einfach keinen Platz. Auch Gleissysteme mit großzügigen Kurvenradien wurden bereits im Frühstadium verworfen. Nach einigen Monaten der Planung zeichnete sich schließlich der „klassische" Kleinstanlagenentwurf mit übereinander liegenden Oval ab. Unter dem Durchgangsbahnhof fand ein dreigleisiger Schattenbahnhof Platz, bei dem alle Gleise in beiden Richtungen nutzbar sind. Lange sichtbare Strecken waren auf der verfügbaren Fläche leider nicht unterzubringen und die Steigungen liegen mit 4 %, infolge der kurzen Strecken, an der Obergrenze. Da aber ohnehin nur kurze Züge verkehren, treten keine Probleme auf. Durch die Beschränkung auf wenige Gebäude und Gleise wurde versucht, trotz kleiner Anlagenfläche einen großzügigen Gesamteindruck zu erreichen.

Der Bau der Anlage zog sich, natürlich mit Unterbrechungen, bis 1991 hin, jetzt stehen noch Detailverbesserungen wie Messing-Brückengeländer oder Ähnliches an. Die Konzeption als Schrank-Klapp-Anlage hat sich mittlerweile in drei Umzügen bewährt.

Staub ist durch die Aufbewahrung im Schrank kein Thema. Die Anlage ist in etwa drei Minuten betriebsbereit, etwas länger dauert dann das Zusammenstellen der Zuggarnituren (maximal sind vier möglich), damit kommt aber auch ein gewisses Maß an Abwechslung ins Spiel.

Das beispielhafte Anlagenkonzept von Paul Islinger zeigt einmal mehr, dass sich Modellbahner mit Platzproblemen niemals entmutigen lassen sollten, ihre Pläne endlich in die Tat und damit in eine betriebsfähige Anlage umzusetzen.

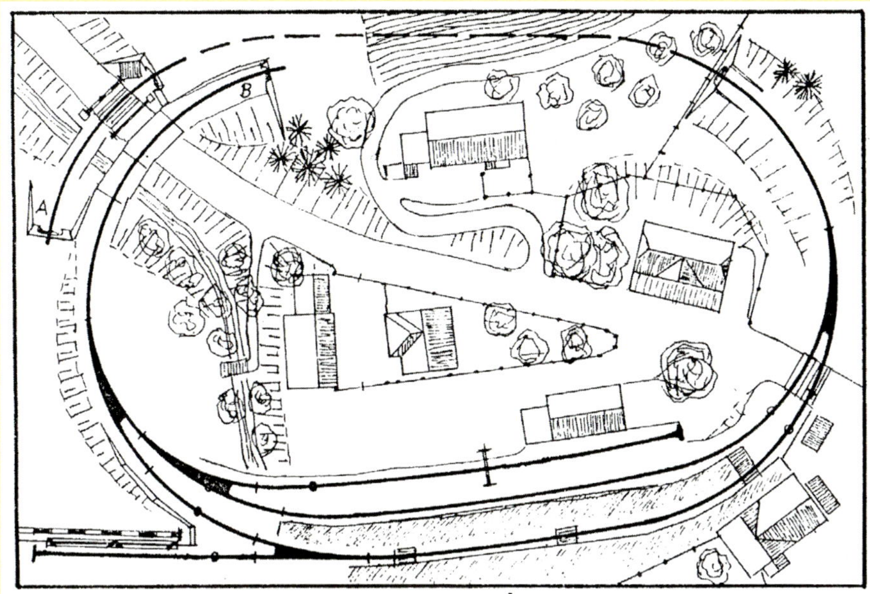

So sieht der beinahe „klassische" Kleinstanlagenentwurf mit übereinander liegendem Oval aus. Links die obere Ebene mit dem dreigleisigen Durchgangsbahnhof.

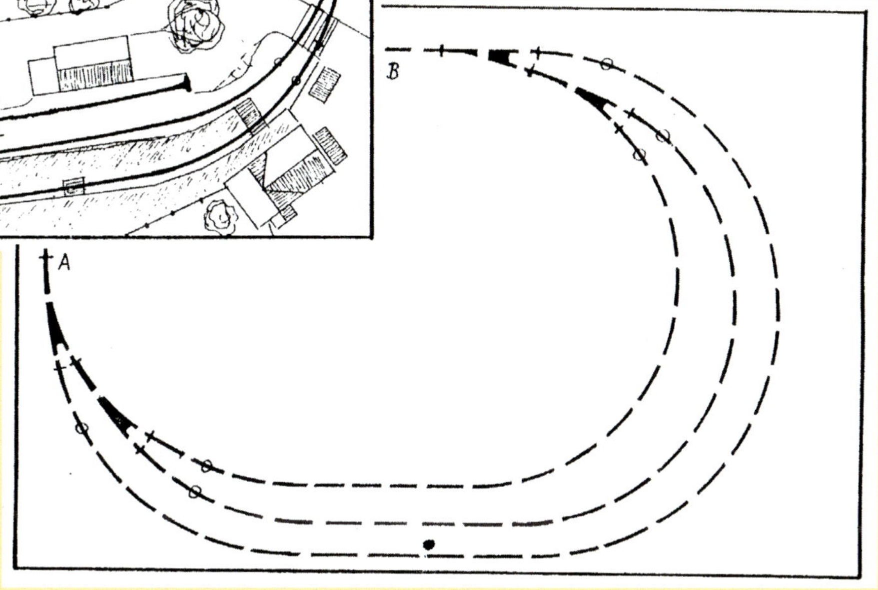

Rechts die verdeckte Ebene mit dem Schattenbahnhof. Die Steigungen liegen bei 4 %, noch dazu teilweise in der Kurve, was den Triebfahrzeugen einiges abverlangt. Beide Zeichnungen sind im ungefähren Wiedergabemaßstab 1:13 gehalten.

Die Klappanlage in „aufgeräumter Position" (links) und betriebsbereit in herausgeklappter und abgestützter Stellung

N

1:160

9 mm

Blockbetrieb auf der „Schiefen Ebene“

Ein erster Schritt bei größeren Anlagen in Richtung Mehrzugbetrieb bzw. Automatisierung ist der Selbstblockbetrieb. Bei Gleich- und Wechselstrombahnen verwendet man Schaltgleise, über Relais abschaltbare Gleisabschnitte vor dem jeweiligen Blocksignal oder auch spezielle Blockbausteine mit integrierten Anfahr- und Bremsregelungen. Das digitale Mehrzugsystem Selectrix ermöglicht einen einfachen vorbildorientierten Blockbetrieb. Vor Halt zeigenden Signalen bremsen die Züge sanft ab und beschleunigen ebenso sanft, wenn der vorausliegende Block wieder frei ist. Dass für den vorbildorientierten Betriebsablauf nur ein geringer elektronischer Aufwand betrieben wurde, ist für den interessierten Beobachter nicht erkennbar.

Messe- und Ausstellungsanlagen wie die hier gezeigte unterliegen stärkeren Belastungen als Heimanlagen. Alles muss für den robusten Auf- und Abbau, für die Lagerung in kalten, feuchten oder heißen Räumen und für den reibungslosen Dauerbetrieb ausgelegt sein. So verfügt die N-Anlage „Schiefe Ebene“ der Firma Trix nicht über einen Schattenbahnhof. Die Züge fahren auf der zweigleisigen Strecke im Selbstblockbetrieb, der sich auch auf den Bahnhof Neuenmarkt erstreckt. In Neuenmarkt zweigt noch eine eingleisige Nebenstrecke ab, die im Pendelzugbetrieb befahren wird.

Sechs Blöcke für fünf Züge

Die zweigleisige Hauptstrecke ist in jeder Richtung in sechs Blockabschnitte unterteilt. Damit die Züge in einer Richtung fahren können, muss ein Zug einen freien Block voraus haben. Daraus ergibt sich bei sechs Blockabschnitten der Einsatz von maximal fünf Zügen. Gesteuert wird die Anlage mit dem digitalen Mehrzugsystem Selectrix. Alle Lokomotiven sind mit einem Decoder ausgestattet. Als zentrale Steuereinheit dient das Central-Control 2000. Mit ihm wäre die Steuerung von neun Lokomotiven möglich. Um aber die zehn Züge auf der zwei-, und die zwei Züge auf der eingleisigen Strecke in Betrieb nehmen zu können, sowie Signale und Weichen schalten zu können, ist noch das multifunktionale Steuergerät Lok-Control erforderlich.

Die gesamte Anlage ist in drei Stromkreise für den digitalen Fahrstrom eingeteilt. Ein Stromkreis wird von der Central-Control versorgt, zwei weitere über Power-Packs (Booster); jeweils ein Richtungsgleis der zweigleisigen Hauptstrecke, sowie die Nebenbahn und das Bw des Bhf. Neuenmarkt. Das Stromlosschalten der Halteabschnitte vor den

Fotos: Martin Knaden, Gerhard Peter

Bild links: Wo viele Züge fahren, ist immer ein gewisser elektronischer Aufwand nötig, damit alles reibungslos läuft. Ein Schnellzug fährt aus dem Bahnhof Neuenmarkt aus.

Bild rechts: Die Trix-Ausstellungsanlage „Schiefe Ebene“ in N wird im Selbstblocksystem mit der digitalen Mehrzugsteuerung Selectrix gesteuert. Der Aufwand ist dabei recht gering.

Auf Ausstellungsanlagen sorgen alte und moderne Fahrzeuge für Betriebsamkeit.

Blocksignalen und Signalen in den Bahnhöfen übernehmen zugbeeinflussende Signale und im verdeckten Bereich Relais.

Die Blockfreigabe und auch das Auf-Halt-Schalten des vorhergehenden Blocksignals geschieht über Reedkontakte. Diese sind über das Eingabegerät „Encoder A“ mit der Central-Control verbunden. Auf diesem Weg gelangen die Schaltimpulse von den Reedkontakten zu den Funktionsdecodern.

Einer der Vorteile des Selectrix-Systems ist der Sx-Bus. Über diese Leitung werden sowohl die Steuerimpulse zum Schalten wie auch die Rückmeldeimpulse von Belegtmeldern und Funktionsdecodern geschickt. Die Leitung darf dabei nach Lust und Laune verzweigt werden, was bei anderen Systemen nicht immer der Fall ist. Über den Sx-Bus werden also alle Steuergeräte, Funktionsdecoder, Eingabebausteine und Belegtmelder angeschlossen.

Das Eingabegerät „Encoder A“ muss auf die gleiche Adresse wie der anzusprechende Funktionsdecoder eingestellt sein. Die Weiche am ersten Ausgang des Funktionsdecoders reagiert, wenn am ersten Eingang des „Encoders A“ eine Taste betätigt wird. Unabhängig davon können aber auch z.B. die Weichen am ersten Decoderausgang von dem Steuergerät Lok-Control oder Control-Handy angesprochen werden. So lässt sich manuell auch ein Blocksignal auf Halt stellen um einen Zug gewollt anzuhalten.

Signalhalteabschnitte

Eine besondere Eigenschaft des Selectrix-Systems sind die Signalhalteabschnitte. Bei Gleich- oder Wechselstromanlagen wird der Gleisabschnitt vor einem Signal bei „Halt“ zeigendem Signal stromlos geschaltet. Auf diese Weise würde man auch eine Lok mit Decoder jeden Systems abrupt zum Stehen bekommen; kein weiches Halten oder Wiederanfahren.

Die Entwickler von Selectrix waren findig. Das Abbremsen und Beschleunigen der Fahrzeuge ist als einstellbare Größe in den Decoder eingebaut. Um eine Lok mit Selectrix-Decoder vor einem Halt zeigenden Signal zum Bremsen zu zwingen, wird der Schaltkontakt des Signals oder eines Relais mit einer Diode überbrückt.

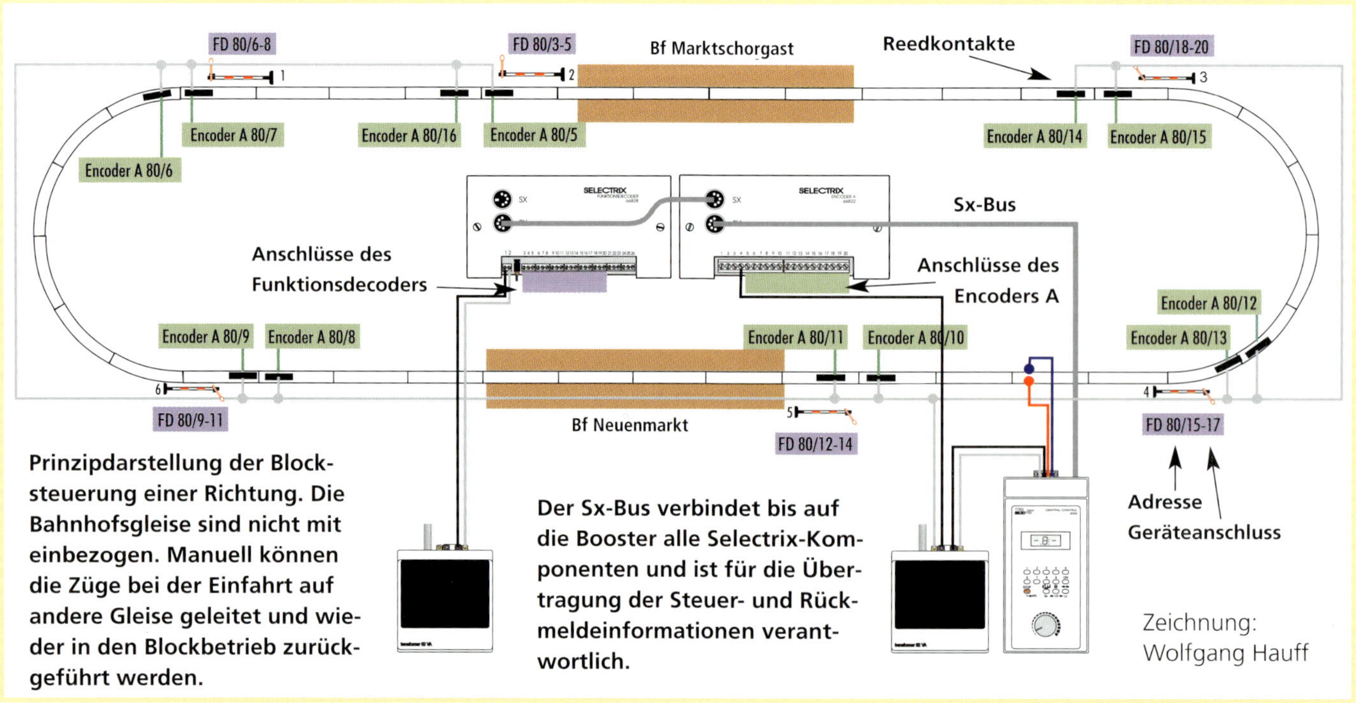

Prinzipdarstellung der Blocksteuerung einer Richtung. Die Bahnhofsgleise sind nicht mit einbezogen. Manuell können die Züge bei der Einfahrt auf andere Gleise geleitet und wieder in den Blockbetrieb zurückgeführt werden.

Der Sx-Bus verbindet bis auf die Booster alle Selectrix-Komponenten und ist für die Übertragung der Steuer- und Rückmeldeinformationen verantwortlich.

Freie Fahrt! Der nächste Blockabschnitt ist frei. Mit Schub geht es weiter die Rampe hinauf.

Der Güterzug hat es leichter, er rollt die Schiefe Ebene hinab.

Weiter geht es mit Schub die Rampe hinauf. Der gesamte Zugverkehr läuft im Selbstblockbetrieb. Damit es nicht langweilig wird, muss die Schublok per manueller Steuerung den Schnellzug über die Schiefe Ebene nachschieben.

Die idyllische Nebenbahn kann entweder im automatischen Pendelbetrieb für den nötigen Betrieb sorgen oder aber auch manuell gefahren werden.

V 60 hat umgesetzt und macht sich mit ihrem PmG fahrplanmäßig auf den Rückweg.

Ein Schnellzug fährt aus Marktschorgast in Richtung Neuenmarkt aus.

Der Lokdecoder bekommt nur eine Hälfte des Digitalfahrstroms. Dadurch wird im Decoder der Bremsvorgang eingeleitet. Je nach eingestelltem Bremsverhalten bremst der Zug kräftiger oder sanfter ab und bleibt vor dem Signal stehen.

Bedingungen für das punktgenaue Halten vor dem Signal sind: Alle Signalhalteabschnitte müssen gleich lang und das Bremsverhalten im Decoder muss auf die Geschwindigkeit des Zuges und die Länge des Halteabschnitts abgestimmt sein.

Um auch bei widrigen Betriebsbedingungen gewappnet zu sein lässt sich der Decoder entweder auf den oben beschriebenen einteiligen oder auch auf einen zweiteiligen Signalhalteabschnitt einstellen. Der zweiteilige Signalhalteabschnitt besteht aus einem Bremsabschnitt, der über die Diode gespeist wird, und einem Halteabschnitt, der ganz herkömmlich einen etwa fahrzeuglangen Abschnitt stromlos schaltet. Ist der Decoder auf den zweiteiligen Halteabschnitt eingestellt, bremst der Zug mit den im Decoder eingestellten Verzögerungswerten bis auf Schleichfahrt ab und bleibt kaum merklich im Halteabschnitt stehen. Bekommt der Zug wieder freie Fahrt, wird die Diode überbrückt und der Halteabschnitt bekommt wieder digitalen Fahrstrom.

Um in einer dritten Variante den Zug vorbildgerecht und sicher vor einem Signal zum Stehen zu bekommen wird das Gleis im Bereich des Signals als zweiteiliger Halteabschnitt eingerichtet, die Lok aber auf den einteiligen Halteabschnitt eingestellt. Dabei fungiert der Halteabschnitt als Sicherheitsbereich, wenn die Länge des Bremswegs trotz aller Maßnahmen nicht ausreicht. Hält die Lok nicht im Bremsabschnitt vor dem Signal, wird sie im stromlosen Abschnitt im Bereich des Signals gebremst.

Der Selbstblockbetrieb des Selectrix-Systems ermöglicht auf der einen Seite einen automatischen Verkehr, auf der anderen Seite lässt er bequem manuelle Eingriffe zu. So kann per Handregler ein Zug über die Rampe nachgeschoben oder ein Güterzug aus dem Blockbetrieb auf ein Gütergleis herausgezogen werden. Ebenso lässt sich auch ein Lokwechsel durchführen. Der Zug lässt sich danach wieder problemlos in den Blockbetrieb einreihen.

Ein Markenzeichen der Ausstellungsanlage „Schiefe Ebene“ ist die Weitläufigkeit des Geländes, das der Fränkischen Schweiz nachempfunden wurde.

Hinter dem Bahnhofsgebäude von Marktschorgast führt die Gegenstrecke zur „Schiefen Ebene“ wieder hinab.

Anlagen-Steckbrief

Nenngröße:	**N**
Baumaßstab:	**1:160**
Anlagengröße:	**6,5 x 1,8 m**
Thema:	**Schiefe Ebene, zweigleisige Hauptstrecke mit eingleisiger Nebenbahn**
Rollmaterial:	**Minitrix**
Gleismaterial:	**Minitrix**
Epoche:	**III – V**

Im Bw macht sich natürlich die Freizügigkeit der digitalen Steuerung im manuellen Betrieb z.B. beim Lokwechsel besonders bemerkbar.

H0/H0m

1:87

16,5/12 mm

Per Computer in den Kopfbahnhof

Mit dem Aufbau seiner jetzigen Modellbahn begann Hartmut Enke im Jahr 1991 im Keller. Das planerische Motto dieser kombinierten H0/H0m-Anlage lautet: „Kopfbahnhof mit etwas Drumherum. Fertig soll die Anlage aber hoffentlich nie werden!"

„Berselitz" ist ein mittelgroßer Ort zwischen Berlin, Basel und Litzirüti im Kreis Tippeldetmold, gleich hinter Wien. Wenn der Ort neben dem alten Fachwerkhaus-Stadtkern (was denn auch sonst?) keine weitere Bedeutung hat – das Beste an ihm ist sein Kopfbahnhof, in den Züge aus Deutschland, der Schweiz und Österreich kommen (Knotenpunkt!).

Da wir uns in der Jetztzeit befinden, können wir die modernsten Fahrzeuge der beteiligten Bahngesellschaften beobachten; ab und zu kommen auch die Museumsbahn-Fans mit ihren prachtvoll gepflegten Nostalgieloks. Die DB AG führt sogar Regelfahrten mit Dampftraktion durch, damit die eigenen Dampfrösser in Bewegung bleiben. So kann man im Bahnhof von Berselitz ein reges „Kommen und Gehen" von Zügen aller Epochen und umfangreiches Rangieren verfolgen.

Unbedingt zu erwähnen ist der städtische Campingplatz. Er liegt etwas außerhalb, ist aber über eine romantische Straße gut zu erreichen. Und er liegt an der Bahn! Der Ort für Leute, die im Campingführer nach Plätzen suchen, bei denen vermerkt ist „Ruhestörung durch Eisenbahn". Der Bach neben dem Platz ist durch ein Wehr etwas aufgestaut, sodass gebadet und geangelt werden kann.

Aus dem nahen Gebirge endet eine Meterspurbahn in Berselitz. Der andere Endpunkt der Schmalspurstrecke liegt in dem schmucken Schweizer Dörfli namens „Arüti" im Gebirge (Engadiner Gebäude). Die Personenbeförderung wird hier im Stundentakt, meist von einem Triebwagen mit Steuerwagen, durchgeführt. Güterverkehr ist mittlerweile selten geworden, ein PmG (Personenzug mit Güterbeförderung) reicht für diesen Zweck daher völlig aus.

Hartmut Enkes Modell-Landschaft reicht vom Hochgebirge bis ins Flachland. Im Übrigen ist die Welt um Berselitz und Arüti noch in Ordnung: Die Bäume sind gesund, die Gewässer sind (noch) nicht verseucht, die Menschen sind freundlich und zufrieden.

Die H0-Anlage steht in einem Kellerraum (Entfeuchter!) mit den Abmessungen 3,85 m x 7,77 m, der durch Entfernen der Wand zwischen Kokskeller und Waschküche entstanden ist. Die Hausfrau begnügt sich seitdem mit ganzen 2 m² für die Waschmaschine. Betriebsmittelpunkt der Anlage ist ein mittelgroßer Kopfbahnhof als Ziel einer zweigleisigen Hauptbahn, einer eingleisigen Nebenbahn und einer Schmalspurbahn. Der Personenbahnhof umfasst vier normalspurige Gleise, der Güter- (Rangier-) Bahnhof ebenfalls vier Gleise in Normalspur und die Ortsgüteranlage hat wieder vier Gleise aufzuweisen. Dazu kommen noch ein kleines Betriebswerk (Bw-Außenstelle, Regelspur) und schließlich zwei Gleise für die Schmalspurbahn.

Alle Normalspurgleise münden in einen Schattenbahnhof mit insgesamt 16 Gleisen in zwei Ebenen. Der Kopfbahnhof kann über eine „unterirdische" Strecke umfahren werden (Hundeknochen-Prinzip). Eine Querverbindung in der Umfahrung ergibt eine Kehrschleife und erhöht die Fahrplan-Vielfalt. Die Schmalspurstrecke führt, wie bereits erwähnt, zu einem kleinen Dorf im Gebirge.

Auf der Normalspurseite sind folgende technische Gegebenheiten bemerkenswert:

- H0-Mittelleitergleise (Märklin K) mit Gleichstrom-Digitaltechnik, Motorola-Datenformat (Märklin-Decoder 6090) und PC-Steuerung (Software Soft-Lok, Hardware PC 486),
- Weichenantriebe Feather-Motoren, im Schattenbahnhof Märklin-Doppelspulen,
- Fahrleitung Sommerfeldt (ohne elektrische Funktion),
- Kupplungen Märklin-KK und neueste Roco-KK (mit Metallbügel),
- Entkuppler: Tauchspule unter dem Gleis mit Metallbohle, die im Ruhezustand Fahrspannung führt (eine Eigenentwicklung),
- Rückmeldung der Zugbewegungen an den PC über 120 Lichtschranken und I/O-Karte,
- Weichen- und Signalsteuerung über Decoder Märklin k83/k84 vom PC.

Auf der Schmalspurseite wurden H0m-Gleise von Bemo mit normaler Gleichstromtechnik verlegt, die Oberleitung stammt auch hier wieder von

Fotos: Hartmut Enke

Vorn die Einfahrt in den Kopfbahnhof von „Berselitz“, im Hintergrund ist ein Teil der Hochgebirgslandschaft mit Schmalspurbahn auszumachen.

Das „Dörfli“ vor hochalpiner Kulisse ist mit Gebäuden im Engadiner Stil aufgebaut worden.

Der Campingplatz mit garantierter „Ruhestörung durch Eisenbahn“ bietet seinen Gästen multinationale Fahrzeugparaden.

Sommerfeldt. Die Konzeption der Anlage mit einem Kopfbahnhof als Betriebsmittelpunkt zwingt zum Rangieren, Dauerkreisfahrten werden vermieden. Bei der Beobachtung der Züge am Kopfende des Bahnhofs stellt sich nach Erfahrung des Erbauers ein besonderes Eisenbahn-Erlebnis ein.

Der Fahrbetrieb ist von reiner Handsteuerung bis zur Vollautomatik möglich. Diese Kombination von Automatik- und Handbetrieb ermöglicht eine flexible Bedienung der Anlage durch ein bis vier Personen. Die Bedienung der Anlage erfolgt wahlweise über PC oder Stellpult (oder eine Kombination aus beiden).

Modul-Anschlüsse

Es sind Gleis-Schnittstellen vorhanden um zeitweise auch einmal eine Modulanlage (H0 und H0m) nach Fremo-Norm anschließen zu können. Außerdem gibt es auf der Anlage Gleiströge zum Ein- und Aussetzen und Aufbewahren ganzer Züge und als Verbindungselement zum Arbeitsplatz. Der Unterbau ist ein solides Holzgerüst mit umlaufender Reling zum Aufstützen.

Festgekuppelte Züge wurden mit einer Zugbeleuchtung über eigene Decoder ausgestattet. Dadurch ist die Helligkeit regelbar, die Beleuchtung ist abschaltbar und die Zugschlussbeleuchtung wechselt mit der Fahrtrichtung. Dank motorischer Antriebe bewegen sich die Schrankenbäume vorbildgerecht langsam (Eigenentwicklung).

Hartmut Enkes Erfahrungen mit zwei Vorgänger-Anlagen sollten nun in die dritte (und wahrscheinlich letzte) einfließen. Mit dem Beginn seines Rentnerdaseins starteten die Aktivitäten: Abriss der vorhandenen Anlage, Verdoppelung des Platzes durch Entfernen einer Wand im Keller, Heizungseinbau und relativ genaue Planung der neuen Anlage – in der Praxis ergeben sich ja immer noch Änderungen.

Die Anlage ist so konzipiert, dass eine endgültige Fertigstellung vorläufig nicht erreicht wird. Aber der Aufbau ist so weit fortgeschritten, dass der Spielbetrieb zu 100 Prozent möglich ist. Die abgerissene Vorgänger-Anlage enthielt bereits einen Kopfbahnhof, der aber – sehr unpraktisch! – völlig eingebaut war. Der Betrieb darauf faszinierte den Erbauer so sehr, dass er beschloss, die neue Anlage unter das Motto „Kopfbahnhof mit Drumherum“ zu stellen.

Unter dem Kopfbahnhof befindet sich in voller Länge ein Schattenbahnhof, der in zwei Ebenen aufgebaut ist. Die Höhendifferenzen dort sind durch eingleisige Wendeln an beiden Schattenbahnhofsenden zu überwinden. Kopf- und Schattenbahnhof werden durch eine zweigleisige Hauptstrecke verbunden. Zur Erzielung längerer Zugfahrten kann der Kopfbahnhof über eine darunter liegende Schleife umfahren werden. Später kamen dann noch die Verlängerung der Auffahr-Wendel bis zum Kopfbahnhof-Niveau und ein Abzweig zum Wartungs-/Arbeitsplatz hinzu.

Oberstes Gebot für die neue Anlage war Betriebssicherheit, dazu hohe Fahrkultur, vielseitiger und interessanter Fahrbetrieb, möglichst naturalistische Nachbildung, d.h. nicht zu viel „Eisenbahn“ und nicht zu viele Bauten. Daraus ergaben sich folgende Randbedingungen für die Konzeption:

- Anlagenrahmen aus solidem, blockverleimtem Holz; Trassen 10 mm Sperrholz
- Steigungen der Trassen nicht größer als 3 %
- möglichst große Radien, sichtbar > 600 mm, unsichtbar > 500 mm (H0)
- überall gute Zugänglichkeit
- betriebssichere Bahntechnik (Elektrik, Elektronik, Kupplungen, schlanke Weichen …)
- Digitalsystem mit PC-Anschluss
- Gleichstromfahrkultur, deshalb Ausstattung aller Triebfahrzeuge mit geregeltem Decoder.

Da Hartmut Enke seit vier Jahrzehnten (Start 1949) auf das Mittelleitersystem festgelegt war (Ansammlung zahlreicher Fahrzeuge) und eine komplette Märklin-Digitaleinrichtung besaß, blieb er auch bei der neuen

Ein Campingplatz für Bahnfreaks hat Berselitz, am Fuße des Hochgebirges gelegen, zu bieten.

Hinter dem Wasserturm die Einfahrtkurve der 2-gleisigen Strecke zum Kopfbahnhof.

Durch den Trick mit „Museumsfahrten“ ist ein Epochenmix ohne weiteres möglich.

Anlage bei diesem System. Durch Verwendung relativ großer Radien, schlanker Weichen und Einschotterung der K-Gleise mit Echtschotter wird eine befriedigende Gleisnachbildung erreicht. Das Mittelleitersystem hat andererseits den Vorteil der hohen Betriebssicherheit.

Seit Ende der 70er-Jahre wurde die Modellbahn mit hoher Zuverlässigkeit per Computer gesteuert. So war der Einsatz eines PC bei dem neuen Konzept selbstverständlich. Der Markt bietet inzwischen hervorragende Software, sodass auf eigene Entwicklung verzichtet werden kann. Nach ausführlichem Systemvergleich fiel die Entscheidung auf Soft-Lok. Dieses System bietet meiner Meinung nach die flexibelsten Möglichkeiten.

Die imposante Schlucht im landschaftlich gestalteten Teil der Anlage wird von zwei Brücken überspannt: Die vordere wird von Normalspurzügen benutzt, die hintere trägt ein Schmalspurgleis. Die Schmalspurstrecke wird – im Gegensatz zum Hauptteil der Anlage – konventionell mit Gleichstrom befahren.

Computer-Steuerung

Der Betrieb der Anlage wird von einem PC unterstützt. Auf drei mit einem Tastendruck zu wechselnden Bildschirmdarstellungen wird die gesamte Anlage symbolisiert. Im Handbetrieb erfolgt die Weichen- und Signalbetätigung per Mausklick. Zugfahrten werden über Märklin-Control oder PC abgewickelt. Zwei Gleisbildstellpulte gestatten die manuelle Einstellung von Fahrstraßen (Start/Zieltasten), Betätigen der Entkuppler und Start der Züge bei Automatikbetrieb.

Soft-Lok gestattet die Programmierung vollautomatischer Zugfahrten. Hierfür benötigt der PC Rückmeldungen der Züge von der Anlage. Diese erfolgen durch 120 fremdlichtunempfindliche Lichtschranken (Entwicklung und Einbau ca. ein Jahr Arbeit!). Die Blocküberwachung übernimmt der PC. Das weiche Anhalten der Züge vor Halt zeigenden Signalen oder im Kopfbahnhof bei voller Zugbeleuchtung ist beeindruckend.

Als Standard hat sich auf Hartmut Enkes Anlage ein Mischbetrieb herauskristallisiert: Den Betrieb auf den Strecken und die Überwachung des Schattenbahnhofs übernimmt der PC, der Kopfbahnhof wird manuell bedient. Der Ablauf ist so, dass der PC die Steuerung einer Zugfahrt im Kopfbahnhof an den „Spieler“ übergibt. Dieser sorgt dann für das Abkuppeln der Lok vom Zug, holt eine neue Lok aus dem Bw, wendet die erste Lok auf der Drehscheibe, stellt neue Züge zusammen etc. Der Spieler meldet das Ende seines Rangierbetriebs per Tastendruck an den PC, dieser reiht den neuen Zug in den gesicherten Betrieb ein. Je nach gewünschter Zugdichte werden ein bis drei Spieler voll beschäftigt. Da die Drehscheibe eine wichtige Funktion im Betriebsablauf hat, von den Bedienplätzen aus aber schlecht einzusehen ist, wird sie über eine kleine Überwachungskamera auf einen Monitor übertragen (preiswert aus zweiter Hand erworben).

Die eingleisige Strecke endet in Berselitz in einem dreigleisigen „Kopf“, in dem Bergdorf Arüti in einem zweigleisigen Bahnhof. Im Tunnel zweigt eine kurze Strecke zu einem Anschlussstück für Module (z.B. Fremo) ab. Module können im Nebenraum aufgestellt werden.

Eine Besonderheit ist die Kreuzung der Schmalspurstrecke mit der regelspurigen Zufahrt zum Bw. Da Hartmut Enke relativ spät mit Drehbank und Fräsmaschine umzugehen lernte, war die Kreuzung sein „Gesellenstück“. Das Problem der Kreuzung liegt in den für H0-Räder erforderlichen, relativ breiten Spurkranzlücken in den H0m-Gleisen. Die kleinen H0m-Räder fallen dort hinein; Rad-

Zünftige Wanderwege findet man rings um Arüti.

Sehr zu begrüßen sind die Brummis auf den Flachwagen.

Motive rund um das Bergdorf „Arüti", das im schweizerischen Stil gestaltet wurde.

Der Bahnhof von Arüti, wo Zement verladen wird. Die Schmalspurzüge verkehren hier nach Schweizer Vorbild.

Eng ist's in Arüti. Während der Schulbus durch die schmale Dorfstraße kommt, rennen die Rinder durch den Garten.

Brücken und Tunnels gehören ebenso zu einer Gebirgslandschaft wie eine Burg!

Anlagen-Steckbrief

Nenngröße:	**H0/H0m**
Baumaßstab:	**1:87**
Anlagengröße:	**3,85 x 7,77 m**
Thema:	**alpiner Kopfbahnhof mit „viel Drumherum"**
Rollmaterial:	**Märklin, Trix, Roco, Fleischmann, HAG**
Gleismaterial:	**Märklin-K**
Epoche:	**V**

lenker bereiten wegen des Mittelleiters Schwierigkeiten. Ein passgenau gefrästes Einsatzstück (im rautenförmigen Kreuzungsviereck), an dem die H0m-Schienenstücke in diesem Bereich gleich mit befestigt sind, wird bei Schmalspur-Betrieb über eine motorisch angetriebene Wippe angehoben. Auf diese Weise wird der Zwischenraum zwischen den H0-Gleisen sauber ausgefüllt.

Statt einer langatmigen Beschreibung der Details hier ein paar kurze Stichpunkte:

- Landschaftsgestaltung: Unterbau Hartschaum oder Sperrholz, Felsen und Hügel aus Gips oder Spachtelmasse, „echte Strukturen" wurden durch Abformen von (aus der Schweiz mitgebrachten) Steinen mit Silikonkautschuk und deren Ausgießen mit Gips hergestellt.
- Bauwerke: abgewandelte und gealterte Industrieprodukte – die Bahnhofshalle ist abnehmbar.
- Bäume, Sträucher: abgewandelte Industrieerzeugnisse und selbst gesammelte Naturprodukte.
- Begrasung und Belaubung: Woodland, Heki, Auhagen.
- Schotter, Kies etc.: Asoa, Rainershagener naturals, aber auch selbst gesammelte Steinchen etc.

Drei Inspektionsöffnungen, die leicht über Alu-Schienen hochzuschieben sind, machen eigentlich unzugängliche Stellen der Anlage eben doch zugänglich. Die Stadt Berselitz entsteht derzeit aus Fachwerkhäusern auf einer ebenfalls hochschiebbaren Platte, da der Zugang zum Bw jederzeit leicht möglich sein muss.

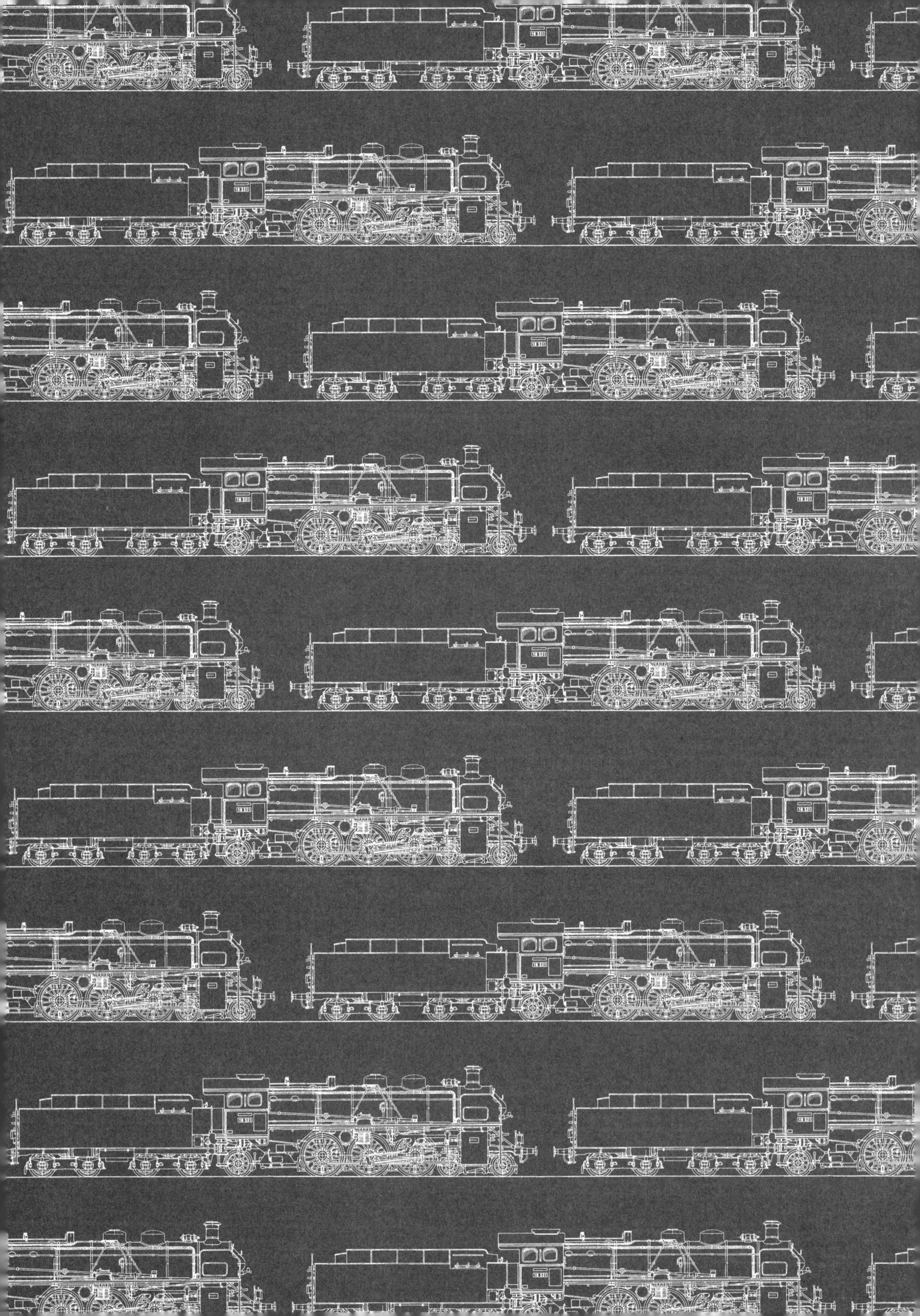